Häkeln lernen mit eliZZZa

Häkeln lernen mit eliZZZa

Verlag Perlen-Reihe

Aus Gründen der besseren Lesbarkeit wird auf die gleichzeitige Verwendung männlicher und weiblicher Sprachformen verzichtet. Sämtliche Personenbezeichnungen gelten selbstverständlich für beiderlei Geschlecht.

Seit 2011 wird die Perlen-Reihe umweltfreundlich aus FSC-zertifiziertem Papier hergestellt, mit Pflanzenölfarben gedruckt und klimaneutral produziert. FSC, Zert.-Nr. C011912 | Klimaneutral drucken, 1.500,63 kg Kompensation CO2

Impressum
Band 721, 1. Auflage
© Verlag Perlen-Reihe Wien, 2012
www.perlen-reihe.at
Alle Rechte vorbehalten

Umschlagkonzept: David Wagner
Umschlagillustration: Peter Jani
Satz: Silvia Wahrstätter, buchgestaltung.at
Fotografie Anleitungsfotos: Stefan Liewehr
Fotografie Modelle: Henrik Harms
Lektorat: Ina Cassik, Stefanie Jaksch
Druck und Bindung: Grasl FairPrint
Printed in Austria
ISBN 978-3-99006-022-3

Inhalt

Zu diesem Buch 8

Häkeln – ein Hobby für Omas? 10

Vom richtigen Material ... 13
    Welches Material für welche Häkelarbeiten 13
    Die Visitenkarte eines Garns 21

... und dem optimalen Werkzeug 24
    Häkeln soll entspannen! 25

Aller Anfang ist – ganz einfach 28
    Anschlag mit Luftmaschen 28
    Wendeluftmaschen (Steigeluftmaschen) 31
    Feste Maschen 32
    Krebsmaschen 37
    Kettmaschen 39
    Picots 39
    Farbwechsel am Ende einer Reihe 40
    Mit neuer Farbe an beliebiger Stelle beginnen 40
    Fäden vernähen 41
    Häkelteile ausarbeiten 42
    Häkelmuster Musterrapport 45
    Maschenprobe 46
    Formen von Häkelteilen 51

Kissenhülle oder Topflappen „Quadro" **53**

Anschlag mit Luftmaschen in Runden 56
Mobile-Hüllen mit Rippen und Streifen **57**

Stäbchen 61
Häkelmodelle mit Stäbchen **65**
Kurzarmpulli mit Wellenmuster **65**
Sommertop für Mädchen mit Fächermuster **71**

Gemeinsam abgemaschte Stäbchen 76
Häkelmodelle mit gemeinsam
abgemaschten Stäbchen **79**
Mädchentop oder -kleid **79**
Bolero **83**

Reliefstäbchen 87
Schirmmütze für Kinder **91**

Büschelmaschen 94
Kinderjacke mit Büschelmaschen **99**

Anschlag mit Fadenring / Magic Ring 102

Blumen und Applikationen häkeln **109**
  Einfache Häkelblüten **109**
  Einfaches Häkelröschen **110**
  Einfaches Blatt **111**
  Eule zum Aufnähen **113**
  Teddykopf zum Aufnähen **115**

Amigurumi häkeln **117**
  Amigurumi Eule **119**

Granny Squares – Ein Trend geht um die Welt **123**
  Häkelmodelle mit Granny Squares **125**
  Kinderkleid mit Passe **125**
  Umhängetasche aus Granny Squares **129**

Zu diesem Buch

Die Entstehungsgeschichte des vor Ihnen liegenden Buchs zeigt, dass es auch in Zeiten des Internets, mit frei zugänglichen Informationen für alle und zu jeder Zeit, eine Nachfrage nach Ratgebern in Buchform gibt.

Die Autorin eliZZZa ist im Brotberuf Webdesignerin und betreibt eine der international erfolgreichsten Websites zum Thema Stricken und Häkeln. In ihrem Kanal auf YouTube präsentiert sie über 600 Videoanleitungen, die insgesamt bereits über 25 Millionen Zugriffe aus der ganzen Welt verzeichnen (Stand Juli 2012).

Kein Wunder also, dass wir bei unserer Recherche für ein Buch zum Thema Häkeln in der Perlen-Reihe schnell auf eliZZZa stießen. Als wir uns an sie wandten, um sie als Autorin zu gewinnen, rannten wir sprichwörtlich offene Türen ein, denn von ihrer Fangemeinde im Web wurde sie immer wieder gefragt, ob es ihre leicht verständlichen Erklärungen und die Anleitungen für die originellen Modelle nicht auch als Buch gäbe. Das Ergebnis halten Sie nun in Händen.

„Häkeln lernen mit eliZZZa" ist als Häkelschule für Anfänger konzipiert, eignet sich aber auch als Nachschlagewerk für alle, die schon Häkeln können, ihre Fertigkeiten aber verbessern wollen oder sich Anregungen für neue Kreationen holen möchten. Von der ersten Luftmasche bis zu komplizierteren Mustern führt eliZZZa Schritt für Schritt in die Kunst des Häkelns ein. Zahlreiche Fotos erleichtern das Verständnis. Nach jedem Lernschritt finden sich einfache aber wirkungsvolle Modelle, die man mit dem soeben Erlernten leicht selbst anfertigen kann. So wird Häkeln zum Kinderspiel!

Immer, wenn Sie dieses Zeichen sehen, finden Sie zusätzliches Video-Bonusmaterial auf unserer Website www.perlen-reihe.at

Das Buch ist so handlich, dass es in die kleinste Tasche passt. Es ist so gebunden, dass Sie es aufgeschlagen vor sich hinlegen können und so beim Häkeln die Möglichkeit haben, immer wieder einen Blick hineinzuwerfen, ohne jedes Mal erneut die gerade benützte Seite suchen zu müssen.

„Häkeln lernen mit eliZZZa" ist mehr als ein Häkelkurs. Es ist die Einladung der Autorin, ihre Leidenschaft für das Häkeln und ihre Lust an Farben und Garnen zu teilen. Alle Modelle sind Eigenkreationen, alle Tipps und Empfehlungen – z.B. zu bevorzugten Herstellern oder Arbeitsweisen – spiegeln die persönliche Meinung der Autorin wider und erheben keinen Anspruch auf Objektivität.

Vertrauen Sie sich eliZZZa an und Sie werden sehen: Häkeln macht süchtig.

Häkeln – Ein Hobby für Omas?

Oh ja, unter unseren Häkelfans finden sich auch einige Omas, die leidenschaftlich gerne häkeln, und ich selbst freue mich immer, wenn mich unsere jungen Besucherinnen und Besucher auf unserer Website als ihre „Häkelomi" ehren. Bei unseren Strick- und Häkeltreffen finden sich manchmal vier Generationen ein! Nur: Was heute von der Häkelnadel hüpft, hat mit den Zierdeckchen früherer Generationen so gar nichts mehr gemeinsam.

Heute häkeln wir coole Boleros, Handytäschchen, iPad-Hüllen, schräge Amigurumis sowie üppige Nanas – und aus Granny Squares gestalten wir stylishe Accessoires.

Wenn Du also eine entspannende, kreative Beschäftigung für Wartezeiten, am Strand oder an gemütlichen Winterabenden suchst, dann wirst Du mit der Häkelnadel eine wunderbare Welt der Gestaltungsmöglichkeiten entdecken. Dabei sind die Grundlagen sehr überschaubar und wirklich einfach zu lernen.

Diese Grundlagen möchte ich Dir mit diesem Büchlein und den darin enthaltenen Anleitungen Schritt für Schritt vermitteln.

Wenn Du Fragen hast, dann besuche doch unsere Schäfchenherde im Internet und hol Dir Hilfe, Lob und Inspiration!

Deine eliZZZa

Unsere Schäfchenweide im Internet:
http://www.nadelspiel.com/
Mehr als 600 Video-Anleitungen:
http://www.youtube.com/eliZZZa13/
Deine Werke präsentieren & Gleichgesinnte treffen:
http://club.nadelspiel.com/
Unsere Nadelspiel-Gruppe auf Facebook:
http://www.facebook.com/groups/nadelspiel/

Danke!

Ein Häkelbuch zu verfassen ist eine Sache. Aber ohne die Unterstützung vieler guter Geister wäre so ein Vorhaben nicht zu realisieren. Und so möchte ich hier ein herzliches Dankeschön hinterlassen, und zwar für:

Traudi Nevosad, meine unermüdliche Tag- und Nacht-, Rauf- und Runter-, Kreuz- und Quer-Häklerin, die aus meinen Vorstellungen greifbare Modelle zaubert und dazu noch ihre eigenen Ideen einbringt.

Tante Lore, die regelmäßig für Ordnung in meinem Wollchaos sorgt – ohne Dich, liebe Lore wäre ich längst unter zentnerschweren Wollbergen vermodert und von Motten zerfressen.

„Unsere" Lila, die das nadelspiel-Schiff zuverlässig und sicher steuert, wenn ich unter Deck verschollen bin und die mit unglaublicher Geduld und Kompetenz die kleinen und großen Fragen unserer Schäfchen betreut.

Stefan & **Barbara** für vergnügliche und professionelle Fotoshootings (und die Verpflegung zwischendurch nicht zu verachten und zu vergessen).

Henrik für die kreativen, unkomplizierten Modell-Shootings.

Ursi, **Carla**, **Paula**, **Elena**, **Luise**, **Billie**, **Stefanie** & **Steffi** für geduldiges und gut gelauntes Modellstehen..

Ulla, **Ina** & **Steffi** vom Verlag Perlen-Reihe für ihre geduldige und umsichtige Autorenbetreuung.
Nicht zuletzt möchte ich mich bei allen Schäfchen und allen anderen lieben Menschen ganz herzlich bedanken, dass sie so geduldig ausgeharrt und mir die Treue gehalten haben, während ich so wenig Zeit für sie übrig hatte ...

Vom richtigen Material ...

Nun, von richtig oder falsch kann man gerade beim Häkeln nicht sprechen. Von zwirnsfeinen Baumwollgarnen über Filzwolle bis hin zu ausrangierten Videobändern oder zerschnittenen Plastiktüten lassen sich die vielfältigsten Materialien mit der Häkelnadel bezwingen.

Gerade beim Häkeln werden nicht nur Kleidungsstücke angefertigt, sondern – mehr noch als beim Stricken – auch Accessoires, Spielfiguren, Dekor für Heim und Garten, phantasievolle Geschenkartikel und vieles mehr.

Und obwohl wir Häkelholiker natürlich zu jeder Jahreszeit die Nadel schwingen, kann ich bei mir und vielen unserer Schäfchen eine leichte Präferenz für Häkeln im Sommer erkennen. Wer im Sommer leicht in den Händen schwitzt, hat Probleme mit der Gleitfähigkeit von Stricknadeln, da diese „in der Hand" liegen – und zwar in beiden Händen. Das ist beim Häkeln nicht der Fall. Aus diesem Grund gibt es für Häkelarbeiten auch eine gewisse Tendenz zu eher kühlen, sommerlichen (und daher eher pflanzlichen) Garnen. Das ändert sich allerdings in letzter Zeit mehr und mehr zugunsten einer immer größeren Materialvielfalt, die auch beim Häkeln eingesetzt wird.

Welches Material für welche Häkelarbeiten?

Die Auswahl des Materials richtet sich natürlich nach dem geplanten Einsatz.
- Soll das Häkelstück auf der Haut getragen werden?
- Soll man bequem darauf sitzen?

- Soll es eher steif und formstabil oder kuschelig sein?
- Soll es Hitze gut aushalten?

Ich werde Dir nachfolgend einige Empfehlungen mit auf Deine Entdeckungsreise geben, Dich aber auch ermutigen, mit neuen, ungewöhnlichen Materialien zu experimentieren.

Ein paar Grundsätze zur Materialwahl

Je nach Zusammensetzung des Garns fallen die folgenden wesentlichen Merkmale unterschiedlich aus:
- Elastizität
- Pflegeeigenschaften
- Lauflänge
- empfohlene Nadelstärke
- Maschenprobe

Garne zum Wohlfühlen

Für gehäkelte Kleidungsstücke empfehle ich in erster Linie natürliche Materialien und Garne aus Mikrofaser. Hier eine kleine Auswahl:

Baumwolle ist das Häkelgarn schlechthin (das wir alle noch aus der Schule in Erinnerung haben) und wird aus den Samenhaaren von Baumwollpflanzen hergestellt. Die hohe Hautfreundlichkeit von Baumwollgarnen basiert vor allem auf der extrem hohen Aufnahmefähigkeit von Feuchtigkeit. Wenn Baumwolle verantwortungsvoll angebaut und verarbeitet wird, ist sie gut für Allergiker geeignet.

Baumwolle hat einen sehr „trockenen" Griff und kann sich je nach Veredelung auch recht spröde anfühlen. Daher eignen sich manche Baumwollgarne sehr gut für stabile Häkelarbeiten wie für Spielfiguren (Stichwort „Amigurumis", siehe dazu S. 117) oder Taschen.

Schulgarn bezeichnet feine, reine Baumwollgarne in Lauflängen von ca. 150 bis 300 m pro 50 g für Häkelnadeln 1,5 mm bis 3 mm, die vor allem für Häkeldeckchen und andere filigrane Häkelarbeiten verwendet werden.

Viskose basiert auf pflanzlicher Zellulose, wird dann aber mit Hilfe des sogenannten Viskoseverfahrens industriell verarbeitet. Viskose ist üblicherweise ein samtweiches Garn mit dezentem Glanz und ähnlich guten Eigenschaften wie Baumwolle. Es wird gerne mit Baumwolle gemischt, um diese weicher und fließender zu machen.

Leinen wird aus den Stängeln der Flachspflanze gewonnen. Seine guten Eigenschaften bezüglich Feuchtigkeitsaufnahme, Temperaturausgleich, Durchlässigkeit und kurzer Trockenzeiten machen Leinen zum idealen Sommergarn.

Bambusgarne werden aus Fasern von Bambuspflanzen hergestellt und sind samtweich. Die Trageeigenschaften sind mit jenen von Seide vergleichbar, Bambusgarne kühlen im Sommer und wärmen im Winter.

Milchgarne werden durch technische Zerlegung von Milch aus deren Proteinen gewonnen und zeichnen sich durch außergewöhnliche Trageeigenschaften aus: Hohe Feuchtigkeitsaufnahme, kühlende Wirkung, noch leichter als Seide – und kein Leckerli für Motten!

Mikrofasergarne entstehen durch spezielle Behandlung / Verarbeitung von Kunstfasern wie zum Beispiel Polyacryl und Polyamid. Während ich Poly-Garne auf der Haut gar nicht mag, trage ich Mikrofaser ausgesprochen gerne.

Tierische Garne für Häkelkleidung

Im Winter darf natürlich die große Palette an tierischen Garnen nicht fehlen. Zu beachten ist allerdings, dass manche Menschen tierische Wolle nicht so gut vertragen.

Tierische Garne werden beim Häkeln gerne für Mützen, Schals und Tücher eingesetzt. Hier eine keine Auswahl:

Alpakawolle stammt von den Nachfahren der Vikunjas, einer kleinen südamerikanischen Kamelart. Alpaka zählt zu den edelsten Naturfasern. Alpaka speichert Körperwärme sehr viel besser als andere Wollarten. Die Fasern sind schwer brennbar, enthalten kein Lanolin und sind daher auch für Wollallergiker geeignet.

Kamelhaar wird im Frühjahr aus dem Flaum junger Kamele gekämmt. Kamelwolle ist eine Hohlfaser mit besten Eigenschaften bezüglich Feuchtigkeitsaufnahme und Temperaturausgleich. Die Wolle trocknet schnell, da Kamelhaar weitgehend schuppenfrei ist.

Als **Merino** bezeichnet man die Wolle von Merinoschafen. Merinowolle ist feiner und weicher als die Fasern anderer Wollschafe.

Schurwolle bedeutet, dass die Wolle von lebenden Schafen geschoren wurde. Schurwolle wird vielfach veredelt und so zum Beispiel mit „Super wash"-Eigenschaften ausgestattet. Diese Behandlung ermöglicht uns, reine Wolle auch in der Maschine zu waschen.

Garne für Babykleidung

Babys Haut ist empfindlicher als jene von Erwachsenen, daher empfehle ich für Baby- und Kinderkleidung reine Wolle zu vermeiden, da sie von vielen Menschen als kratzig empfunden und von Babys oft nicht gut vertragen wird. Am besten geeignet für zarte Babyhaut sind:

- Baumwolle aus kontrolliertem Anbau, „Bio-Baumwolle"
- Mikrofaser bzw. Mischgarne mit Mikrofaser
- Bambus- und Viskosegarne
- Milchgarne

Garne für Granny Squares und Amigurumis

Was Granny Squares und Amigurumis sind, darauf komme ich noch zurück, hier vorweg meine Garn-Empfehlung:

- Baumwolle und Baumwollgemische stehen ganz oben auf meiner Liste der Lieblingsgarne für die genannten Häkelarbeiten.
- Für Amigurumis eignen sich aber auch Mikrofaser und Wolle (evtl. Filzwolle) sehr gut. Für Granny Squares gibt es eigentlich keine Einschränkung bei der Garnwahl. Diese richtet sich danach, wie die Granny Squares verwendet werden (Kleidung, Taschen, Heimdekor etc.).

Garne für Heim und Garten

Hier sind der Phantasie wirklich keine Grenzen gesetzt, von Modellen aus Zahnseide bis zu gehäkelten Gartenzäunen reicht die Palette der einfallsreichen Kreationen, die ich in letzter Zeit bewundern durfte. Das Häkeln mit gekochten chinesischen Glasnudeln habe ich allerdings bleiben lassen.

Hier nur eine kleine Auswahl zur Inspiration:
- Filzwolle
- Seile aus dem Baumarkt
- Plastikschnüre, Wäscheleinen
- Bast, Sisal, Kokosfasern u.ä.
- Stoffreste, in dünne Bahnen geschnitten
- Draht, Kabel
- Plastiktüten, zerschnitten
- Video-/Audio-Bänder
- Paketschnur

Garne beim Lebensmitteldiskonter kaufen?

Warum nicht? Besonders im Sommer sehe ich immer wieder gute Baumwoll- und Baumwollmischgarne zu sehr verlockenden Preisen, und ich habe damit auch schon gute Erfahrungen gemacht.

Beachte beim Kauf zwei Punkte:
- Reklamation kann schwierig sein.
- Oft handelt es sich um Sonderposten, die nicht nachbestellbar sind.

Garnstärken

Manche lieben es, mit zwirnsfeinem Häkelgarn filigrane Kunstwerke zu zaubern. Meine Finger verknoten sich schon beim Zusehen; ich habe nun mal keine Prinzessinnenfinger – und was meine Geduld betrifft bin ich wohl eher mit der Prinzessin auf der Erbse verwandt ...

Kurz: Zu dünnes und zu dickes Garn finde ich beim Häkeln doch eher anstrengend.

Ich bevorzuge Garnstärken für Häkelnadeln 3 bis 5 mm – und das sind auch die idealen Garnstärken für Deine ersten Häkelversuche. Daher empfehle ich Dir zum Lernen dieser wunderbaren Fertigkeit drei Knäuel in den Stärken für Häkelnadeln 3, 4, 5 mm samt drei entsprechenden Nadeln zu besorgen und herauszufinden, mit welchem Garn Dir das Arbeiten zu Anfang am leichtesten fällt.

Sobald Du etwas Übung hast, ist vor Dir und Deiner Häkelnadel ohnehin nichts mehr sicher, was sich irgendwie zu luftigen Schlingen verarbeiten lässt.

Folgende Garne verarbeite ich beim Häkeln besonders gerne:

Sigma von LANG Yarns, ein samtweiches Baumwollmischgarn (50% Viskose) mit dezentem Glanz. Besonders die Bonbonfarben daraus haben es mir angetan. Häkelnadel 2,5 bis 4 mm – je nach Vorhaben.

Catania von Schachenmayr ist das Lieblingsgarn vieler Häkelfans für Granny Squares, Amigurumis, Häkeldeckchen u.v.m. – ein wenig dünner (Häkelnadel 2,5 bis 3 mm) und nicht ganz so weich, dafür aber mit einer umwerfenden Farbpalette von mehr als 40 Farbtönen.

Für Amigurumis, Topflappen, Heimdekor eignet sich die **Joker Uni** von Pro Lana ausgezeichnet, sie ist stärker (Häkelnadel 4 bis 5 mm) und erfreut das Herz mit fast 50 kräftigen Farben.

Darüber hinaus verwende ich die Mikrofaser-Familie **Omega** von LANG Yarns auch beim Häkeln gerne, da sie in 3 verschiedenen Stärken zur Verfügung steht (Omega Baby für Nadeln 2 bis 3 mm, Omega für 3 bis 4 mm, Omega Plus für 3 bis 5 mm) – geeignet für alle Arten von Häkelarbeiten von Babykleidung über Amigurumis, Granny Squares, Heimdekor etc.

Knäuel, Kone, Strang

„Richtige" Häkelgarne (also in der Regel Baumwollgarne) werden oft auf Karton gewickelt angeboten und dann von außen weg verarbeitet. Dass sich so ein Kartonknäuel beim Häkeln selbstständig macht, kannst Du verhindern, indem Du ihn in eine glatte Schüssel legst, dann rollt er gleichmäßig und leicht.

Darüber hinaus kann Garn natürlich in unterschiedlichen Formen angeboten werden: als Rundknäuel, ovales Knäuel, auf spitz zulaufenden Konen (eher bei Strickmaschinengarnen üblich) oder im Strang (oft bei handgefärbten Garnen). Danach richtet sich, wo Du den Anfangsfaden aufnimmst.

Strang: Diesen musst Du selbst zu einem Knäuel wickeln. Es gibt dafür eigene kleine Wickelgeräte.

Kartonknäuel, **Kone**: Der Anfangsfaden ist außen zu finden (manchmal ist er festgesteckt bzw. eingeklemmt).

Rundknäuel, **ovale Knäuel**: Suche den Faden in der Mitte des Knäuels und nimm diesen als Anfangsfaden. Der Knäuel liegt ruhig und gibt das Garn gleichmäßig aus der Mitte ab.

So gelingt Dir ein gleichmäßig gewickelter Garnball, wenn Du z. B. vom Strang händisch abwickelst:
Wichtig ist, dass Du nicht zu fest wickelst! Beginne daher, den Faden ca. zehnmal um drei Finger einer Hand zu schlingen. Nimm diesen kleinen Strang nun von den Fingern, drücke ihn zusammen und halte ihn mit vier Fingern parallel zu diesen. Nun wickelst Du kreuzweise um die Mitte dieses kleinen Strangs wieder ca. zehnmal, arbeite dabei über zwei Finger. Lege nun dieses Gebilde in der Mitte zusammen (indem Du es um die zweite Wicklung klappst) und wickle wieder kreuzweise darüber. Halte immer zwei Finger dazwischen, dann wird der Knäuel nicht zu fest. So setzt Du fort, indem Du die einzelnen Wickelvorgänge immer ein wenig versetzt oder kreuzweise anordnest.

Die Visitenkarte eines Garns

Die Papiermanschette, die Dein Garn zusammenhält, nennt man auch „Banderole". Sie informiert Dich über wichtige Eckdaten des Materials.

Üblicherweise findest Du darauf die folgenden Angaben:
- **Name des Garns**, **Hersteller**
- **Farbnummer**, **Farbcharge**: Die gleichen Farbnummern können im Farbton unterschiedlich sein. Jede Färbung ist individuell und unterscheidet sich ein klein wenig von der anderen. Nur Knäuel der gleichen Farbnummer *und* der gleichen Farbcharge wurden im gleichen Färbebad behandelt und haben exakt die gleiche Farbe. Schon ein minimaler Unterschied der Farben kann in einem Häkelstück deutlich auffallen und

stören. Nimm also besser 1-2 Knäuel mehr als zu wenig. Viele Handarbeitsläden reservieren Dir ein paar Knäuel der gleichen Farbcharge für eine gewisse Zeit oder bieten Dir an, nicht verwendete Knäuel zurückzunehmen.

- **Zusammensetzung**: Die Materialzusammensetzung wird in Prozent angegeben.
- **Lauflänge**: Die Lauflänge gibt darüber Auskunft, wie viele Meter Dein Garn pro Knäuel hat, also z.B. 125 m / 50 g (das ist zum Beispiel die Lauflänge eines typischen Häkelgarns für Granny Squares und Amigurumis). Dünnere Garne haben eine höhere Lauflänge, dickere Garne eine niedrigere. Wenn Du eine Häkelanleitung mit einem anderen Garn arbeiten möchtest, so orientiere Dich in erster Linie an der Lauflänge. Am besten aber, Du kaufst ein Knäuel von einem Garn, das eventuell in Frage kommt und häkelst eine Maschenprobe (siehe dazu S. 46ff.).
- **Nadelstärke**: Die Angabe auf der Banderole ist eine Empfehlung. Die für Dich geeignete Nadelstärke findest Du am besten mit einer Maschenprobe heraus.
- **Maschenprobe**: Auch dies ist nur eine allgemeine Empfehlung. Die Angabe zur Maschenprobe zeigt Dir an, wieviele Maschen in der Breite und wieviele Reihen in der Höhe 10 cm ergeben.

🍇 **Kleine Tücke!** Es gibt dazu zwar eine Empfehlung auf der Banderole eines Garns, aber diese bezieht sich immer auf Stricken und nicht auf Häkeln!

- **Verbrauch**: Ein kleines Pullover-Symbol zeigt Dir eine Mengenangabe für einen Pullover mittlerer Größe in Gramm.
- **Pflegehinweise**: Internationale Pflegesymbole weisen auf die optimale Behandlung Deines Häkelstücks hin.

Tipp: Hebe die Banderole Deines Garns auf! Das hilft beim Nachbestellen. Ganz Ordentliche legen einen Ordner an, in dem sie Banderolen samt Maschenproben und persönlichen Anmerkungen zum Garn sammeln.

... und dem optimalen Werkzeug

Auch beim Werkzeug ist Kreativität angesagt. Während herkömmliche Häkelnadeln aus Metall, Kunststoff, Holz, mit geradem, gummiertem, geschwungenem bzw. ergonomisch geformtem oder sogar ohne Griff im Handel erhältlich sind, kenne ich nicht wenige leidenschaftliche Häkelfans, die ihre Nadeln selbst schnitzen. Lieblingsmaterialien sind dabei Rosenholz, Birne, Kirsche – ach was, alles, was der Garten hergibt.

Während Stricknadeln üblicherweise gerade oder als Rundstricknadeln erhältlich sind und – vom Material abgesehen – wenig Vielfalt vorsehen, musst Du bei der großen Auswahl an unterschiedlich geformten Häkelnadeln besonders darauf achten, dass Du dir keine Verspannungen in Fingern, Händen, Armen, Schultern, Genick einhandelst.

Nicht alles, was hier „schnittig" aussieht, fördert entspanntes Arbeiten!

Metallnadeln

Metallnadeln ohne Griff finde ich persönlich äußerst strapaziös und sorgen bei mir nach kurzer Zeit für verkrampfte Finger und schmerzende Schultern.

Metallnadeln mit Gummi-Griff sind meine persönlichen Lieblingsnadeln! Liegen gut in der Hand, drehen sich nicht unbeabsichtigt und gleiten hervorragend. Sie könnten allerdings ein bisschen länger sein für meinen Geschmack.

Metallnadeln mit geschwungenem bzw. ergonomischem Griff habe ich noch nicht ausprobiert, stehen aber schon ganz oben auf meiner Wunschliste.

Darüber hinaus gibt es Häkelnadeln auch in unterschiedlichen Längen, zum Teil auch für spezielle Techniken wie „Tunesisches Häkeln".

Holznadeln

Ich habe noch keine gefunden, die mich glücklich gemacht hätten, lasse mich aber gerne eines Besseren belehren. Das lag meist am Kopf der Nadel, der nicht präzise geformt war.

Kunststoffnadeln

Kunststoffnadeln haben meist keinen verstärkten Griff und keine optimale Gleitfähigkeit (jedenfalls jene, die ich probiert habe). Zudem haben sie oft Pressspuren, an denen das Garn hängenbleibt.

Nadelstärken

Die Stärke von Häkelnadeln wird in Millimeter für den Durchmesser angegeben, wobei dieser an der dünnsten Stelle unmittelbar unter dem Kopf, also am „Hals" der Nadel gemessen wird.

Häkeln soll entspannen!

Bei Häkelanfängern kann ich oft beobachten, dass die Konzentration auf die neue Technik so stark ist, dass sie darüber oft nicht bemerken, wie sie Hände, Arme, Schultern oder Nacken verspannen.

> **✏️ Tipp**: Auch wenn dieser Tipp vielleicht kurios anmutet: Stelle Dir für den Anfang eine Eieruhr jeweils auf 10 Minuten ein und lass Dich daran erinnern, dass Du Deine Haltung überprüfst bzw. änderst.

Einer der häufigsten Fehler ist die Neigung des Kopfes nach unten, während Du die Arbeit zu tief hältst. Das führt zu unangenehmen Verspannungen im Nacken!

Mit steigender Übung wirst Du auch entspannter häkeln. Bis dahin kannst Du verhindern, dass Du dir eine falsche Haltung angewöhnst, indem Du z. B. einen Stuhl wählst, der Armlehnen hat, auf denen Du Deine Arme ablegen kannst. Damit hältst Du Dein Arbeitsstück automatisch höher und neigst den Kopf weniger nach unten.

Ich arbeite meist sogar an einem Tisch, auf dem ich die Unterarme ablegen kann und die Arbeit fast in Augenhöhe und den Kopf somit nahezu gerade halte.

Solltest Du im Häkelfieber alle Vorsichtsmaßnahmen vergessen haben, helfen Dir diese kleinen Übungen[*]:

- Du sitzt mit geradem Rücken seitlich auf einem Stuhl, so dass Dein Rücken frei ist.
- Ziehe Deine Schultern nach hinten und unten. Verschränke Deine Hände und ziehe beide Arme nach vorne, etwa in Augenhöhe. Wippe mit den Armen leicht nach vorne, so dass Du alle Muskeln um Deine Schulterblätter spürst.

---

[*] Diese Übungen wurden von der Autorin erprobt. Alle Leser sollten jedoch nach eigenem Ermessen entscheiden, ob diese Anleitungen auch für sie geeignet sind.

- Verschränke Deine Hände hinter dem Rücken und wippe mit Deinen gestreckten Armen nach oben.
- Lege Deine verschränkten Hände von hinten an Deinen Kopf und drücke den Kopf gegen die Hände.
- Lege Deine verschränkten Hände von vorne an Deine Stirn und drücke den Kopf gegen die Hände.
- Lege Deine linke Handfläche an Deine linke Schläfe und drücke den Kopf dagegen.
- Wiederhole die Übung mit der rechten Hand und Deiner rechten Schläfe.
- Ziehe Deine Schultern nach unten, drehe Deinen Kopf nach links und wippe nach links. Wippe mit dem Kopf auch nach unten.
- Wiederhole die gleiche Übung in die andere Richtung.

Aller Anfang ist – ganz einfach

Anschlag mit Luftmaschen

Den Anfang einer Häkelarbeit bildet üblicherweise eine Kette aus Luftmaschen, auf die dann weitere Maschen gearbeitet werden. Luftmaschen werden auch eingesetzt, um Abstand zwischen Maschen zu erzeugen.

So häkelst Du eine Luftmaschenkette

a) Knüpfe in Dein Garn nach ca. 20 cm eine einfache Schlinge und stecke den Kopf Deiner Häkelnadel in diese Schlinge (siehe Abb. 1).

b) Ziehe die Schlinge an, aber nicht zu fest.

c) Nun führst Du den Faden, der zum Knäuel führt, von vorne zwischen kleinem Finger und Ringfinger der linken Hand nach hinten, hinter den Fingern vorbei und wickelst ihn von hinten nach vorne zweimal um den Zeigefinger.

Abb. 1

d) Gleichzeitig hältst Du den Knoten der Schlinge mit Daumen, Mittelfinger und Ringfinger der linken Hand fest.

e) Nun holst Du den Arbeitsfaden (der Faden zum Zeigefinger) mit dem Haken der Häkelnadel durch die Fadenschlinge auf der Nadel (siehe Abb. 2).

f) Bei dieser, der ersten Luftmasche, ziehst Du nun mit der Häkelnadel so fest an der Schlinge, dass nur ein Knoten darunter bleibt. Diese erste Masche wird nicht gezählt.

g) Gleichzeitig bleibt auch eine Schlinge auf der Nadel.

h) Nun holst Du den Arbeitsfaden wieder mit dem Haken der Nadel durch die Schlinge, ziehst diese aber nicht fest an, sondern versuchst, die Spannung so zu halten, dass die nun entstandene Luftmasche etwa so groß bleibt wie der Kopf der Häkelnadel (siehe Abb. 3).

Abb. 2

Abb. 3

Abb. 4

Wiederhole den letzten Schritt, bis Du die gewünschte Luftmaschenzahl gehäkelt hast.

> **BRAVO! Du hast Deine erste Luftmaschenkette gehäkelt!**

Mit ein bisschen Übung wird es Dir gelingen, dass Du die Luftmaschen etwa gleich groß häkelst.

Wenn Du diese Luftmaschenkette nun genauer betrachtest, bemerkst Du, dass sie eine Oberseite und eine Unterseite hat.

An der Oberseite erkennst Du ovale Kettenglieder, je nach Garnqualität kann die Struktur einem Zopf gleichen (siehe Abb. 4).

An der Unterseite siehst Du kleine Höcker, das sind sozusagen die Verbindungsglieder der Kette.

Wendeluftmaschen (Steigeluftmaschen)

Verschiedene Häkelmaschen haben unterschiedliche Höhen, von klein nach groß gereiht:
- Kettmaschen
- feste Maschen
- halbe Stäbchen
- ganze Stäbchen
- doppelte Stäbchen (auch Doppelstäbchen)
- dreifache Stäbchen (auch Dreifachstäbchen)

Wenn Du eine neue Reihe beginnst, dann musst Du zuerst auf die Höhe der nachfolgenden Maschen kommen, sonst würden Deine Ränder immer niedriger werden als der Rest der Maschen. Daher wird üblicherweise die erste Masche einer Reihe durch sogenannte Wendeluftmaschen (auch Steigeluftmaschen) ersetzt – und zwar wie folgt:
- 1 Wendeluftmasche ersetzt eine feste Masche
- 2 Wendeluftmaschen ersetzen ein halbes Stäbchen
- 3 Wendeluftmaschen ersetzen ein ganzes Stäbchen (siehe Abb. 5)
- 4 Wendeluftmaschen ersetzen ein doppeltes Stäbchen
- 5 Wendeluftmaschen ersetzen ein dreifaches Stäbchen

Abb. 5

Feste Maschen

Feste Maschen ergeben ein sehr dichtes Gewebe und kommen in fast allen Mustern vor. Sie bilden auch eine stabile Grundlage für weitere Häkelmuster nach dem Luftmaschenanschlag.

Die erste Reihe in die Luftmaschenkette zu arbeiten ist ein bisschen knifflig, weil das Häkelstück noch zu dünn ist, um es bequem zu halten. Aber nach der ersten Reihe wird es gleich viel einfacher – versprochen!

Tipp: Gehäkelt wird von rechts nach links (ausgenommen Krebsmaschen).

So häkelst Du feste Maschen in eine Luftmaschenkette

Du häkelst noch eine weitere Luftmasche als Wendeluftmasche, da es mit festen Maschen weiter geht.

In diesem Fall stichst Du ein bisschen anders ein als wenn Du feste Maschen auf andere Maschen häkelst: Halte die Luftmaschenkette so, dass die Kette (also die Vorderseite) Dir zugewandt ist.

a) Die erste feste Masche häkelst Du in die zweite Luftmasche von der Nadel aus gesehen.
b) Du stichst in die Mitte einer Kette ein, und zwar so, dass Du 2 Fäden auf die Nadel nimmst. Das heißt, Du fasst mit der Häkelnadel den oberen Faden der Kette und unter den Höcker (bzw. die Verbindungskette) auf der Rückseite (siehe Abb. 6).

Abb. 6

Abb. 7

c) Ziehe den Arbeitsfaden mit dem Haken der Häkelnadel durch die Masche. Du hast nun 2 Schlingen auf der Nadel.

d) Nun holst Du den Arbeitsfaden nochmals mit dem Haken der Nadel und ziehst ihn durch beide Schlingen auf der Nadel (siehe Abb. 7).

Wiederhole die Schritte b) bis d) bis zum Ende der Luftmaschenkette.

Wende die Arbeit am Ende der Reihe und beginne die neue Reihe wieder mit einer Wendeluftmasche und einer festen Masche in die erste Masche, danach in jede Masche der vorigen Reihe 1 feste Masche.

Tipp: Vorsicht beim Häkeln in eine Luftmaschenkette: Je nach Garn kann es schwierig sein zu unterscheiden, welche die nächste Luftmasche ist, es kann passieren, dass man 1 Masche übersieht.

So häkelst Du feste Maschen auf andere Maschen

a) Stich mit der Häkelnadel in eine Masche der vorigen Reihe ein und nimm dabei beide Fäden der Masche auf die Nadel.
b) Ziehe den Arbeitsfaden mit dem Haken der Häkelnadel durch die Masche, Du hast nun 2 Schlingen auf der Nadel (siehe Abb. 8).
c) Nun holst Du den Arbeitsfaden nochmals mit dem Haken der Nadel und ziehst ihn durch beide Schlingen auf der Nadel (siehe Abb. 9).

Abb. 8

Abb. 9

BRAVO! Du hast Deine ersten festen Maschen gehäkelt!

Der häufigste Anfängerfehler entsteht durch die Unsicherheit, wo die erste Masche einer Reihe einzustechen ist. Oft wird die erste Masche nicht richtig erkannt und somit übersprungen Das Ergebnis ist eine schräge Kante und ein Häkelstück, das immer schmaler wird.

Es gibt aber natürlich auch dafür klare Regeln:

- 1 Wendeluftmasche, erste Masche ist eine feste Masche → Du stichst in die erste Masche ein, die Du erkennst
- 2 Wendeluftmaschen, erste Masche ist ein halbes Stäbchen → Du stichst in die erste Masche ein
- 3 Wendeluftmaschen, erste Masche ist ein ganzes Stäbchen → Du stichst in die zweite Masche ein, gilt auch für doppelte und dreifache Stäbchen

Feste Maschen mit Rippen

Manchmal verlangt eine Anleitung, dass Du nur den vorderen Faden oder nur den hinteren Faden einer Masche aufnimmst (siehe Abb. 10).

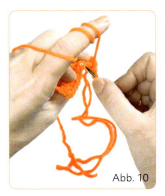

Abb. 10

Abb. 11

Dadurch entstehen Querrippen. Und zwar auf der Vorderseite, wenn Du immer nur den hinteren Faden aufnimmst – oder auf der Rückseite, wenn Du nur den vorderen Faden einer Masche aufnimmst (siehe Abb. 11).

Auf die gleiche Weise kannst Du auch Rippen erzeugen, wenn Du andere Maschen, wie z. B. Stäbchen häkelst.

Krebsmaschen

Werden feste Maschen von links nach rechts gehäkelt, so entstehen die sogenannten Krebsmaschen. Diese werden an Kanten, Blenden oder Rändern gerne als Zierrand gearbeitet.

So häkelst Du einen Rand aus Krebsmaschen

Beginne entweder am Ende einer Reihe ohne zu wenden (Du häkelst nun in die entgegengesetzte Richtung) oder beginne am linken Rand einer Kante.

a) In die Masche rechts von der aktuellen Masche einstechen (siehe Abb. 12).
b) Arbeitsfaden durch die Masche holen, es sind dann 2 Schlingen auf der Nadel (siehe Abb. 13, S. 38).
c) Arbeitsfaden nochmals holen und
d) durch die 2 Schlingen auf der Nadel ziehen.

Die Schritte a) bis d) laufend wiederholen (siehe Abb. 14, S. 38).

Abb. 12

Abb. 13

Abb. 14

Kettmaschen

Kettmaschen werden u.a. benötigt, um Runden zu schließen.

So häkelst Du eine Kettmasche
a) In die nächste Masche einstechen.
b) Arbeitsfaden durch die Masche – und auch gleich durch die Schlinge auf der Nadel ziehen.

Picots

Nun hast Du auch schon alle Grundlagen gelernt, um Dich an „Mäusezähnchen" („picot", franz. = das Zähnchen) zu versuchen. Picots werden ebenfalls gerne als Verzierung an Kanten und Blenden verwendet. Solche Picots können in unterschiedlichen Größen (mehr oder weniger Luftmaschen) und mit mehr oder weniger Abstand zueinander gehäkelt werden.

So häkelst Du ein 3er-Picot
a) 3 x 1 feste Masche,
b) 3 Luftmaschen.
c) In die zuletzt gehäkelte feste Masche (also in die gleiche Einstichstelle) 1 Kettmasche.

Die Schritte a) bis c) laufend wiederholen.

Farbwechsel am Ende einer Reihe

a) Nach der letzten Masche einer Reihe bleibt noch 1 Schlinge auf der Nadel, danach wird die Arbeit gewendet.

b) Schneide den Faden mit ca. 20 cm Länge ab.

c) Nun wird die Wendeluftmasche (eine oder mehrere) bereits mit der neuen Farbe gehäkelt: Lege eine andere Farbe um Deine linke Hand, hole den Arbeitsfaden (in der neuen Farbe) mit dem Haken der Nadel und ziehe den Faden durch die Schlinge. Dabei lockert sich unweigerlich die Schlinge der vorigen Farbe etwas, ziehe diese an, indem Du am abgeschnittenen Fadenende ziehst. Die Fadenenden werden später vernäht.

Mit neuer Farbe an beliebiger Stelle beginnen

In der Anleitung „Quadro" (siehe S. 53ff.) werden Runden auch an den Ecken des Häkelstücks begonnen und dabei die Farbe gewechselt:

a) Lege den Arbeitsfaden der neuen Farbe wie üblich um die linke Hand.

b) Stich mit der Nadel in eine Masche an der Ecke ein.

c) Hole den Arbeitsfaden mit dem Haken der Nadel durch die Masche.

d) Häkle eine Luftmasche (Arbeitsfaden nochmals holen und durch die Schlinge auf der Nadel ziehen).

e) Stich nochmals in die gleiche Stelle ein und häkle nun eine feste Masche.

Damit ist der Faden gut verankert, später wird er dann noch sauber vernäht.

Fäden vernähen

Du benötigst eine Wollnähnadel mit spitzem und eine mit stumpfem Ende.

Am Anfang und am Ende Deines Häkelstücks, wenn ein Knäuel zu Ende geht oder wenn Du Farben wechselst, lässt Du längere Fäden stehen bzw. hängen.

Tipp: Lass Anfangs- und Endfäden ca. 20–30 cm lang.

So vernähst Du vorhandene Fäden sauber

a) Fädle den Faden in die spitze Wollnähnadel.
b) Stich an der Innenseite Deines Häkelstücks in 4 bis 5 Maschen ein – und zwar immer durch die Fäden durch.
c) Wiederhole den Vorgang in die Gegenrichtung.
d) Versuche dabei, wieder mitten durch die gleichen Maschen zu stechen.
e) Nähe noch ein drittes Mal wieder in die Gegenrichtung.
f) Der Faden ist nun so mit sich selbst verhakt und vernäht, dass er sicher hält.
g) Faden knapp abschneiden.

So befestigst Du einen neuen Faden

Ist kein Faden an der Stelle vorhanden, wo Du zum Beispiel eine Naht arbeiten möchtest, so nimmst Du ein Stück des verwendeten Garns und fädelst dieses in eine spitze Wollnähnadel.

Verknoten ist verboten!

Knoten lösen sich – spätestens beim Waschen! Daher wird auch das Ende eines neuen Fadens nicht verknotet, sondern genauso befestigt wie vorher beschrieben:
a) Ein paar Stiche an der Innenseite des Häkelstücks in die eine Richtung (ein kurzes Fadenstück bleibt übrig),
b) ein paar Stiche in die andere Richtung (immer durch Maschen durchstechen),
c) und noch einmal in die Gegenrichtung.

Nun kannst Du mit einer Naht und einer stumpfen Nähnadel fortsetzen, der Faden ist gut fixiert.

> **BRAVO! Du hast zum ersten Mal einen Faden sauber vernäht!**

Häkelteile ausarbeiten

Um Häkelteile in Form zu bringen, befeuchtest Du sie (z. B. mit einer Sprühflasche) oder machst sie nass, indem Du sie mit der Hand in lauwarmem Wasser einweichst und sanft ausdrückst.

In beiden Fällen legst Du die Häkelteile auf eine saugende Unterlage, ziehst sie in Form und lässt sie trocknen.

Hast Du nach einem Schnitt gearbeitet, dann kannst Du die Teile mit Stecknadeln dem Schnitt entsprechend feststecken und trocknen lassen.

Tipp: Das früher übliche „Dämpfen" von Häkelteilen kann ich nicht empfehlen, zu groß ist die Gefahr, die Fasern empfindlich zu verletzen und dem fertigen Stück die Elastizität zu rauben.

Allerdings ist es durchaus üblich, dekorative Häkelarbeiten zu spannen und evtl. sogar zu stärken (z. B. Häkelsterne oder kleine Häkeldeckchen). Dabei steckst Du die gehäkelten Stücke mit Stecknadeln zum Beispiel auf eine Schaumstoff- oder Styropor-Unterlage. Zum Stärken wird handelsübliche Sprühstärke verwendet.

 Als Bonusmaterial findest Du auf www.perlen-reihe.at eine Schablone zum Spannen von runden Häkelteilen.

So nähst Du Häkelteile zusammen

Nähte von Häkelteilen werden üblicherweise mit ganz einfachen, kleinen Schlingenstichen (Überwendlingstichen) gearbeitet.

Tipp: Während ich das Vernähen von vorhandenen und das Befestigen von neuen Fäden mit einer spitzen Wollnadel vornehme, wechsle ich beim Zusammennähen von Häkelteilen dann auf eine stumpfe Wollnadel. Die abgerundete Nadel gleitet besser in die Maschen.

Lege die Häkelteile mit der „schönen" Seite (in Anleitungen nennt man diese meist die „rechte" Seite) nach oben nebeneinander auf eine glatte Unterlage. Platziere die Teile so, dass die geplante Naht vertikal liegt. Ob Du die Naht von oben nach unten oder umgekehrt nähst, bleibt Dir überlassen.

a) Stich mit einer Wollnadel von vorne nach hinten in den Rand des rechten Teils ein.

b) Stich mit der Nadel von hinten nach vorne in den daneben liegenden Rand des linken Teils ein.

c) Stich knapp darüber wieder in den Rand des rechten Teils von vorne nach hinten ein,

d) und dann wieder von hinten nach vorne in gleicher Höhe in den Rand des linken Teils.

Wiederhole die Schritte c) und d) bis die Teile komplett zusammengenäht sind.

Häkelmuster Musterrapport

Jene Maschenfolge, die ein Muster bildet und immer wiederholt wird, nennt man einen Musterrapport. Bei Anleitungen für Häkelmuster ist dieser Rapport oft in * Sternchen * eingeschlossen.

Hier ein Beispiel:

Reihe 1
1 Wendeluftmasche; * 2 ganze Stäbchen, 1 Luftmasche, 1 Masche überspringen * .
Von * bis * laufend wiederholen.

Das bedeutet: Der Musterrapport besteht aus 3 Maschen (die Angaben zwischen den Sternchen). Die Maschenfolge zwischen den Sternchen wird laufend wiederholt.

Maschenzahl teilbar durch ...

Aus einem Musterrapport ergibt sich auch die benötigte Maschenzahl für ein Häkelmuster. Im Fall unseres Beispiels benötigen wir eine Maschenzahl teilbar durch 3. Viele Muster haben am Anfang und am Ende einer Reihe zusätzlich noch einen Randbereich.

Wenn es also heißt: Maschenzahl teilbar durch 10 + 3, dann benötigst Du zum Beispiel 20 oder 30 oder 50 Maschen plus 3 Maschen, also 23 oder 33 oder 53 Maschen.

Maschenprobe

Bei vielen Häkelarbeiten darf man auf Maschenproben verzichten, zum Beispiel bei Spielfiguren, großen Taschen oder anderen Teilen, wo keine exakte Größe vorgegeben ist und oft auch die Garnauswahl nach Lust und Laune getroffen werden kann.

Bei gehäkelten Kleidungsstücken ist eine gute Vorbereitung – besonders für Anfänger – unerlässlich. Und dazu gehört nicht zuletzt die kleine Mühe, eine Maschenprobe zu häkeln.

Mit einer Maschenprobe stellst Du fest, wie viele Maschen in der Breite und wie viele Reihen in der Höhe Du für 10 cm benötigst.

Achtung: Die Angaben zur Maschenprobe auf der Banderole eines Garns beziehen sich immer auf Stricken und nicht auf Häkeln!

Es ist gerade bei Häkelmustern wichtig, dass Du Deine Maschenprobe genau in dem Muster häkelst, das Du auch verwenden möchtest. Feste Maschen benötigen eine ganz andere Maschen- und Reihenzahl als zum Beispiel ein Muschelmuster.

So häkelst Du eine Maschenprobe

a) Ich empfehle ca. 20 cm Luftmaschen anzuschlagen – Du wirst mit der Erfahrung lernen, ob dies für Deine individuelle Häkeltechnik ausreicht, um eine Maschenprobe von 10 cm messen zu können (beim Messen sollte mindestens ein fingerbreiter Rand bestehen).

b) Wenn Du bereits weißt, dass Du fester häkelst, nimm eine etwas dickere Nadel, wenn Du eher locker häkelst, nimm eine etwas dünnere Nadel.
c) Häkle nun das geplante Muster laut Anleitung ca. 14 cm hoch.

Tipp: Zieh die letzte Schlinge lang, so kannst Du die Maschenprobe wieder auftrennen und das Garn wieder verwenden. Du kannst Maschenproben aber auch sammeln und zum Beispiel zu Kissenhüllen zusammenfügen.

So misst Du eine Maschenprobe

a) Lege Dein Musterstück locker auf eine feste Unterlage ohne es zu dehnen.
b) Lege ein weiches Maßband darauf.
c) Markiere mit Stecknadeln ein Quadrat von 10 cm in der Breite und 10 cm in der Höhe.
d) Zähle nun, wie viele Maschen in der Breite und wieviele Reihen in der Höhe 10 cm ergeben.
e) Notiere die Zahlen.

So berechnest Du Maschenzahlen für ein Häkelstück

Viele Häkelmuster sind eher ausladend (verglichen mit Strickmustern), haben oft unregelmäßig hohe Reihen und manchmal sehr große Musterrapporte und sind daher nicht immer einfach auszuzählen. Das erfordert manchmal ein wenig Improvisation und Fingerspitzengefühl.

Nehmen wir den in diesem Buch enthaltenen Pulli mit Wellenmuster für Achtjährige (siehe S. 65) als Beispiel, um zu demonstrieren, dass Du beim Häkeln oft mehr tüfteln musst, um einen Schnitt zu berechnen bzw. umzurechnen.

Das Wellenmuster benötigt 3 Musterrapporte in der Höhe für 10 cm. Bei der Breite hingegen kann man das so gar nicht rechnen, sondern im Fall dieses Musters ist es besser zu notieren, dass 1 Musterrapport in der Breite 7,5 cm misst.

Nun entnehmen wir den Hüftumfang für einen lockeren Pulli einer Größentabelle und ermitteln so, wie viele Musterrapporte wir vom Wellenmuster benötigen (dabei wird allenfalls gerundet).

8 Jahre = 70 cm = 9 Rapporte

Ein Rapport des Wellenmusters benötigt 16 Maschen – somit können wir nun berechnen, wie viele Maschen angeschlagen werden müssen:

9 x 16 = 144 Maschen

Sicherheitshalber arbeiten wir nun auch noch eine Maschenprobe für halbe Stäbchen, denn diese bilden das Hauptmuster des Pullis. In diesem Fall ergeben sich die Maschen für das Stäbchenmuster zwar automatisch aus dem Wellenmuster, aber wenn wir vorweg einen Schnitt skizzieren wollen, dann sollten wir auch diese Maschenprobe notieren.

Maschenprobe halbe Stäbchen

20 Maschen in der Breite = 10 cm
14 Reihen in der Höhe = 10 cm

Wenn wir nun zum Beispiel berechnen wollen, wie viele Maschen für die Schulterbreite (8 cm) übrig bleiben müssen, sieht unsere Rechnung so aus:

Wieviele Maschen für Schulterbreite 8 cm:

10 cm = 20 Maschen
1 cm = 2 Maschen
8 cm = 16 Maschen

Genauso werden Höhenangaben berechnet.

Wieviele Reihen für Halsausschnitt 12 cm:

10 cm = 14 Reihen
1 cm = 1,4 Reihen
12 cm = 16,8 Reihen
Unser Ergebnis gerundet: 17 Reihen

Bei unserem Beispiel hat also das Wellenmuster die Maschenzahl vorgegeben. Je nachdem wie groß ein Musterrapport ist, musst Du entsprechend aufrunden oder abrunden, um eine passende Maschenzahl zu erhalten.

Die Berechnung von Abnahmen oder Zunahmen bei Häkelmustern kann – je nach Größe des Musterrapports – mitunter eine Herausforderung sein. Diese wird zum Beispiel benötigt, um die Zunahmen beim Ärmel vom Bündchen bis zur Schulter zu berechnen.

Hier wieder ein Beispiel bei gleicher Maschenprobe:

Nehmen wir nun an, wir wollten für den Pulli lange Ärmel häkeln. Am Bündchen arbeiten wir drei halbe Rapporte (Höhe) des Wellenmusters.

Das Ärmelbündchen soll einen Umfang von 20 cm haben, der Ärmel an der Schulter 30 cm. Die Ärmellänge soll 40 cm betragen.

20 cm x 2 Maschen = 40 Maschen
30 cm x 2 Maschen = 60 Maschen
40 cm x 1,4 Reihen = 56 Reihen

Wir müssen also über die Höhe von 56 Reihen 20 Maschen abnehmen, wenn wir von der Schulter weg häkeln.

Nachdem in diesem Fall immer an beiden Seiten abgenommen wird, also immer 2 Maschen pro Reihe, rechnen wir mit der Hälfte der Maschen, die abgenommen werden sollen:

56 Reihen : 10 = 5,6 Reihen

In diesem Fall würden wir 10 x in jeder fünften Reihe an beiden Seiten jeweils 1 Masche abnehmen.

Und nachdem hier für 20 cm Armbündchen 3 Musterrapporte des Wellenmusters zu viel und 2 Musterrapporte zu wenig wären, würde ich ein wenig schummeln und an der Innenseite über die überzähligen Maschen halbe Stäbchen häkeln.

Formen von Häkelteilen

Es gibt viele verschiedene Methoden, Häkelteile zu formen. Hier die einfachsten Methoden im Überblick. Bei den Häkelmodellen sind diese jeweils im Detail angegeben.

(Seitliches) Zunehmen an Häkelteilen

- Am Ende einer Reihe Luftmaschen (und Wendeluftmaschen) hinzufügen, am Anfang der nächsten Reihe zusätzliche Maschen in die Luftmaschen häkeln
- 2 oder mehr Maschen in eine Einstichstelle arbeiten

(Seitliches) Abnehmen an Häkelteilen

- Maschen zusammenhäkeln
- Maschen überspringen
- Maschen am Ende einer Reihe nicht häkeln
- Wendeluftmasche am Anfang einer Reihe weglassen, 1 Masche überspringen

Kissenhülle oder Topflappen „Quadro"

Material: für einen Topflappen Reste eines Baumwollgarns, am besten für Nadelstärke 3 bis 4 mm, für eine Kissenhülle Reste Mikrofaser oder andere weiche Garne ebenfalls für Nadelstärke 3 bis 4 mm

Tipp: Für Topflappen keine Kunstfaser verwenden!

Häkle eine Kette aus 12 Luftmaschen + 1 Luftmasche als Wendeluftmasche.

Reihe 1 In die zweite Luftmasche von der Nadel weg einstechen und 1 feste Masche häkeln; danach in jede Luftmasche 1 feste Masche.

Reihe 2 + folgende 1 Wendeluftmasche; in jede Masche 1 feste Masche.

Häkle so viele Reihen, bis ein Quadrat entstanden ist.

Kontrolliere zwischendurch, dass die Maschenzahl (12) gleich bleibt.

1 Runde fester Maschen Nun häkelst Du zum ersten Mal eine Runde, wobei darauf zu achten ist, dass deutliche Ecken entstehen. Arbeite wie folgt:

Häkle weiter am linken Rand des Quadrats, indem Du in den Rand gleichmäßig verteilt genau so viele Maschen wie beim Anschlag häkelst (in unserem Fall 12 feste Maschen).

In die Ecken häkelst Du jeweils 1 feste Masche + 1 Luftmasche + 1 feste Masche.

Am Ende der Runde beendest Du diese mit 1 Kettmasche in die erste feste Masche.

1 zusätzliche Luftmasche, Faden mit ca. 20 cm Länge abschneiden, sauber vernähen.

Kontrastfarbe – 1 Runde fester Maschen Beginne in einer Ecke und häkle in jede Masche 1 feste Masche, in die Ecken wieder 1 feste Masche + 1 Luftmasche + 1 feste Masche.

Beende die Runde mit 1 Kettmasche in die erste feste Masche.

Farbwechsel – 4 Dreiecke Als nächstes häkelst Du ein Dreieck an einer Kante des Quadrats; 15 feste Maschen gleichmäßig verteilt von einer Ecke zur nächsten in den Rand häkeln.

Reihe 2 Arbeit wenden; keine Wendeluftmasche, die erste Masche überspringen, feste Maschen bis ans Ende der Reihe, die letzte Masche aber nicht häkeln (13 feste Maschen).

Reihe 2 so oft wiederholen, bis keine Maschen mehr übrig sind, pro Reihe werden es 2 feste Maschen weniger; es bleibt 1 Schlinge auf der Nadel.

Achte darauf, dass Du auf der Vorderseite weiter häkelst (allenfalls die Arbeit wenden); nun häkelst Du 1 Luftmasche und am linken Rand des Dreiecks entlang gleichmäßig verteilt ca. 12 feste Maschen, wobei die letzte Masche wieder in einer Ecke landet.

An der nächsten Kante das zweite Dreieck häkeln; danach das dritte und vierte Dreieck genauso häkeln.

Dann mit der gleichen Farbe die ganze Runde mit festen Maschen umhäkeln (das gleicht die unregelmäßigen rechten Seiten der Dreiecke aus); versuche dabei, aus den rechten Seiten ebenfalls ca. 12 Maschen zu häkeln, in die Spitzen wieder jeweils 1 feste Masche + 1 Luftmasche + 1 feste Masche.

Runde beenden mit 1 Kettmasche in die erste feste Masche, Luftmasche, Faden abschneiden wie vorher beschrieben.

Farbwechsel – 1 Runde fester Maschen Wie zu Anfang nach dem ursprünglichen Quadrat beschrieben.

Farbwechsel – Dreiecke Nun folgen 4 größere Dreiecke, genauso gearbeitet wie bei den ersten beschrieben. Seitenlänge etwa doppelt so viele Maschen wie bei der vorigen Runde Dreiecke plus/minus 1 Masche, so dass Du eine ungerade Maschenzahl hast.

Farbwechsel – 1 Runde fester Maschen Wie vorher.

Farbwechsel – Dreiecke Wie vorher, wieder etwa doppelt so viele Maschen plus/minus 1 Masche wie bei den vorigen Dreiecken.

Farbwechsel 1 Runde fester Maschen Bei der letzten Ecke gleich einen Aufhänger aus 30 Luftmaschen häkeln, wer möchte, kann diesen noch mit festen Maschen umhäkeln.

Für eine Kissenhülle kannst Du noch beliebig lange nach dieser Anleitung fortfahren, so lange bis das Kissen die passende Größe hat. Den Rückenteil des Kissens kannst Du in anderen Farben oder einfach nur als Quadrat aus festen Maschen häkeln.

Ausarbeiten

Die beiden Seiten der Kissenhülle mit kleinen Überwendlingstichen (Schlingenstichen) zusammennähen. Mikrofasergarne sind sehr pflegeleicht und können in der Waschmaschine gewaschen werden. Daher kannst Du ganz einfach ein preisgünstiges „nacktes" Zierkissen in Deine Hülle stecken, sobald Du drei Seiten geschlossen hast und danach die vierte Seite zusammennähen oder –häkeln. Du kannst dann das ganze Kissen in der Waschmaschine waschen.

Anschlag mit Luftmaschen in Runden

Wenn ein Häkelstück in Runden gehäkelt werden soll, beginnst Du ebenfalls mit einer Luftmaschenkette.

So beginnst Du ein Häkelstück in Runden

a) Häkle die angegebene Zahl an Luftmaschen und schließe diese mit einer Kettmasche in die erste Luftmasche zum Ring.

b) Kippe den Ring so, dass die Vorderseite (die Kettenglieder) Dir zugewandt sind.

c) Nun häkelst Du in die Kettenglieder genauso wie bei der offenen Luftmaschenkette beschrieben.

d) Wenn Du am Ende der Runde angekommen bist, dann schließt Du diese mit 1 Kettmasche in die erste Masche oder in eine Wendeluftmasche vom Anfang (je nach Anleitung).

Mobile-Hüllen mit Rippen und Streifen

Nach dieser Anleitung kannst Du zur Übung kleine Geschenke in Form von Digicam-Hüllen, Handyhüllen oder Sleeves für Notebooks oder Tablets häkeln.

Du musst Dich dafür auch noch nicht mit einer Maschenprobe beschäftigen, sondern kannst die benötigte Maschenzahl einfach mit der Luftmaschenkette messen.

Größe: misst Du wie nachfolgend angegeben
Material: beliebig, für den Anfang eignet sich Baumwolle sehr gut, im Idealfall für Häkelnadel 3 bis 5 mm
Nadelstärke: nach Banderole, eher 1 mm kleiner als empfohlen, damit die Hüllen sehr stabil werden

---

Muster Rippen & Streifen

Gehäkelt werden feste Maschen in Rippen in unregelmäßiger Streifenfolge. Der Farbwechsel gelingt hier am besten, indem Du die Kettmasche am Ende einer Runde noch mit der „alten" Farbe und die Wendeluftmasche am Anfang der neuen Runde mit der „neuen" Farbe häkelst. Den Faden der vorigen Farbe kannst Du festziehen, nachdem Du ein paar Maschen mit der neuen Farbe gehäkelt hast.

Maschenzahl ermitteln

Am Anfang kann es sein, dass Deine Luftmaschen noch zu locker sind. Bei festen Maschen ist dies eher nicht der Fall. Daher solltest Du die Maschenzahl zwar mit der Luftmaschenkette messen, aber unbedingt nach der ers-

ten Runde fester Maschen kontrollieren und allenfalls korrigieren.

Anleitung

Luftmaschenkette anschlagen und am Gerät messen; mit 1 Kettmasche zur Runde schließen.

Runde 1

1 Wendeluftmasche; in jede Masche 1 feste Masche.

Die Runde endet mit 1 Kettmasche in die Wendeluftmasche vom Anfang.

Passform kontrollieren, allenfalls mit korrigierter Maschenzahl nochmals beginnen.

Runde 2

1 Wendeluftmasche; in jede Masche 1 feste Masche, jedoch immer in den hinteren Faden der Masche einstechen.

Runde endet wie Runde 1.

Runde 2 laufend wiederholen.

Ausarbeiten

Hülle ohne Umschlag Möchtest Du ein sogenanntes Sleeve häkeln (das ist eine offene Schutzhülle ohne Umschlag), dann beendest Du die Arbeit sobald diese die gewünschte Höhe erreicht hat und nähst die Kante für den Boden mit kleinen Stichen zusammen.

Hülle mit Umschlag Sobald die gewünschte Höhe erreicht ist, setzt Du die Arbeit nur mehr über eine Hälfte der Maschen fort und häkelst in Hin- und Rückreihen weiter.

Um eine leichte Schräge zu erreichen, verzichtest Du am Anfang jeder Reihe auf die Wendeluftmasche und überspringst die erste Masche. Sobald der Umschlag die gewünschte Höhe erreicht hat, umhäkelst Du ihn auf der Vorderseite noch mit 1 Reihe fester Maschen, so dass die unregelmäßigen Ränder (entstehen durch die Abnahmen) ausgeglichen werden.

Stäbchen

Verschiedene Größen und Kombinationen von Stäbchen sind Grundlage unzähliger Häkelmuster. Halbe Stäbchen ergeben stabile Ränder bzw. dichte Strukturen. Je größer die Stäbchen desto lockerer das Gewebe. Hier erkläre ich Dir die wichtigsten Varianten dieser vielseitigen Masche.

So häkelst Du halbe Stäbchen

a) 1 Umschlag (siehe Abb. 15).
b) In die nächste Masche einstechen,
c) Arbeitsfaden mit dem Haken der Nadel holen (siehe Abb. 16),
d) durch die Masche ziehen = 3 Schlingen auf der Nadel,
e) Arbeitsfaden nochmals mit dem Haken der Nadel holen (siehe Abb. 17, S. 62),
f) durch alle 3 Schlingen auf der Nadel ziehen (siehe Abb. 18, S. 62).

Abb. 15

Abb. 16

Abb. 17

Abb. 18

So häkelst Du ganze Stäbchen
a) 1 Umschlag.
b) In die nächste Masche einstechen,
c) Arbeitsfaden mit dem Haken der Nadel holen,
d) durch die Masche ziehen (3 Schlingen auf der Nadel).
e) Arbeitsfaden nochmals holen,
f) durch 2 Schlingen auf der Nadel ziehen (2 Schlingen auf der Nadel).
g) Arbeitsfaden nochmals holen,
h) durch die restlichen 2 Schlingen auf der Nadel ziehen.

So häkelst Du doppelte Stäbchen
a) 2 Umschläge.
b) In die nächste Masche einstechen.
c) Arbeitsfaden mit dem Haken der Nadel holen,
d) durch die Masche ziehen (4 Schlingen auf der Nadel).

e) Arbeitsfaden nochmals holen,
f) durch 2 Schlingen auf der Nadel ziehen (3 Schlingen auf der Nadel).
g) Arbeitsfaden nochmals holen,
h) durch die nächsten 2 Schlingen auf der Nadel ziehen (2 Schlingen auf der Nadel).
i) Arbeitsfaden nochmals holen,
j) durch die restlichen 2 Schlingen auf der Nadel ziehen.

So häkelst Du dreifache Stäbchen

a) 3 Umschläge.
b) In die nächste Masche einstechen.
c) Arbeitsfaden mit dem Haken der Nadel holen,
d) durch die Masche ziehen (5 Schlingen auf der Nadel).
e) Arbeitsfaden nochmals holen,
f) durch 2 Schlingen auf der Nadel ziehen (4 Schlingen auf der Nadel).
g) Die Schritte e) und f) noch 3 x wiederholen, die Schlingen auf der Nadel reduzieren sich dabei jeweils um 1.

Tipp: Bei allen Stäbchen bleibt zuletzt 1 Schlinge auf der Nadel.

Nach diesem Prinzip finden sich in manchen Anleitungen sogar vierfache, fünffache und noch größere Stäbchen.

Häkelmodelle mit Stäbchen

Kurzarmpulli mit Wellenmuster

Zum Üben der verschieden großen Stäbchen eignet sich dieses luftige Wellenmuster ganz wunderbar. Die Kombination aus frischem Weiß mit Wellen in Bonbonfarben macht aus diesem Pulli einen modischen Hingucker.

Größen: 8/10/12 Jahre
Material: je **1 Knäuel** Sigma von LANG Yarns (Lauflänge 100 m / 50 g) in 3 verschiedenen Farben für das Wellenmuster, **4/5/6 Knäuel** in Weiß
Nadelstärke: 3 mm

Der Pulli wird in Runden gearbeitet, damit Du möglichst wenig nähen musst.

Anleitung Wellenmuster in Runden

Du benötigst eine Maschenzahl teilbar durch 16.

Luftmaschenkette anschlagen, Maschenzahl laut Anleitung, mit 1 Kettmasche zur Runde schließen.

Runde 1

1 Wendeluftmasche; in jede Luftmasche 1 feste Masche.
Die Runde endet mit 1 Kettmasche in die Wendeluftmasche vom Anfang.

Runde 2

1 Wendeluftmasche; * in die nächsten 3 Maschen je 1 feste Masche, 1 Luftmasche, 1 Masche überspringen, 1 halbes Stäbchen, 1 Luftmasche, 1 Masche über-

springen, 1 ganzes Stäbchen, 1 Luftmasche, 1 Masche überspringen, 1 doppeltes Stäbchen, 1 Luftmasche, 1 Masche überspringen, 1 doppeltes Stäbchen, 1 Luftmasche, 1 Masche überspringen, 1 ganzes Stäbchen, 1 Luftmasche, 1 Masche überspringen, 1 halbes Stäbchen, 1 Luftmasche, 1 Masche überspringen *.

Von * bis * laufend wiederholen; die Runde endet mit 1 Kettmasche in die Wendeluftmasche vom Anfang.

Runde 3

1 Wendeluftmasche; 1 feste Masche in jede Masche und in jede Lücke.

Die Runde endet wie Runde 2.

Runde 4

Farbe wechseln.

1 Wendeluftmasche; 1 feste Masche in jede Masche, dabei jeweils nur in den hinteren Faden der Masche einstechen, es ergibt sich dadurch eine Rippe auf der Vorderseite.

Die Runde endet wie Runde 2.

Runde 5

5 Wendeluftmaschen; 1 Masche überspringen, * 1 doppeltes Stäbchen, 1 Luftmasche; 1 Masche überspringen; 1 ganzes Stäbchen, 1 Luftmasche; 1 Masche überspringen; 1 halbes Stäbchen, 1 Luftmasche; 1 Masche überspringen; in die nächsten 3 Maschen je 1 feste Masche, 1 Luftmasche; 1 Masche überspringen; 1 halbes Stäbchen, 1 Luftmasche; 1 Masche überspringen; 1 ganzes Stäbchen, 1 Luftmasche; 1 Masche überspringen; 1 doppeltes Stäbchen, 1 Luftmasche; 1 Masche überspringen *.

Von * bis * laufend wiederholen; die Runde endet mit 1 Wendeluftmasche in die vierte Wendeluftmasche vom Anfang.

Runde 6 wie Runde 3.

Die Runden 1 bis 6 fortlaufend wiederholen, wobei die erste Runde ab nun wie folgt gehäkelt wird: (neue Farbe) 1 Wendeluftmasche; 1 feste Masche in jede Masche, dabei jeweils nur in den hinteren Faden der Masche einstechen.

Die Runde endet mit 1 Kettmasche in die Wendeluftmasche vom Anfang.

Anleitung Halbdichtes Filetmuster

Runde 1

2 Wendeluftmaschen; in jede Masche 1 halbes Stäbchen.

Die Runde endet mit 1 Kettmasche in die oberste Wendeluftmasche.

Runde 2

3 Wendeluftmaschen; * 1 Masche überspringen, 1 halbes Stäbchen, 1 Luftmasche *.

Von * bis * laufend wiederholen; Runde endet mit 1 Kettmasche in die zweite Wendeluftmasche vom Anfang.

Die Runden 1 + 2 fortlaufend wiederholen.

Anleitung

Für den Körper **112/128/144 Luftmaschen** anschlagen.

In der Höhe 6 x das Wellenmuster in wechselnden Farben häkeln.

Weiter mit 10 Runden Halbdichtes Filetmuster.

Danach nur mehr halbe Stäbchen in Runden:

2 Wendeluftmaschen; in jede Masche ein halbes Stäbchen.

Jede Runde endet mit 1 Kettmasche in die oberste Wendeluftmasche vom Anfang.

In insgesamt **24/25/28 cm** Höhe die Arbeit teilen und nun Vorderteil und Rückenteil separat und in Hin- und Rückreihen weiter häkeln. Das Muster fällt nun ein bisschen anders aus als in Runden.

Vorderteil

Nach weiteren ca. **4–5 cm** Höhe (je nachdem, wo der Ausschnitt sitzen soll) die mittleren **16/20/24 Maschen** nicht mehr häkeln und die beiden Schulterteile wieder separat weiter häkeln.

Danach für den Halsausschnitt an der Seite, die der Mitte zugewandt ist, in aufeinanderfolgenden Reihen jeweils am Ende der Reihe 1 x 4, 1 x 3, 1 x 1 Maschen nicht mehr häkeln.

Danach bis zu einer Gesamthöhe von **40/42/44 cm** geradeaus hoch häkeln.

Am Ende jedes Schulterteils eine zusätzliche Luftmasche häkeln, Faden mit ca. 30 cm abschneiden und durch die Luftmasche ziehen. Dieser Faden wird zum Schließen der Schulternaht verwendet.

Den zweiten Schulterteil gegengleich arbeiten.

Rückenteil

Der übrige Rückenteil wird ohne Abnahmen geradeaus nach oben gehäkelt bis er die gleiche Höhe hat wie ein Vorderteil.

Am Ende eine zusätzliche Luftmasche häkeln, Faden mit ca. 30 cm abschneiden und durch die Luftmasche ziehen. Faden sauber vernähen.

Schulternähte mit kleinen Stichen zusammennähen.

Ärmel (2x)

In das Armloch **64 feste Maschen** häkeln.

5/6/7 x das Halbdichte Filetmuster in der Höhe und in Runden häkeln, danach 3 Mal Wellen in verschiedenen Farben.

Ausarbeiten

Den Halsausschnitt mit 1 Runde fester Maschen und 1 Runde Krebsmaschen umhäkeln.

Sommertop für Mädchen mit Fächermuster

Auch dieses luftige Top für kleinere und größere Mädchen wird ganz einfach anhand der Oberteil-Größe gearbeitet.

Größen: orientieren sich an der Taillenweite. Arbeite mit folgender Faustregel, die Du auch für andere, ähnliche Kleidchen einsetzen kannst:
Taillenumfang geteilt durch 3 = Höhe Oberteil
Taillenumfang geteilt durch 4 = Höhe Armausschnitt und gleichzeitig Breite Halsausschnitt
Beispiel Taillenumfang **2/4/6/8/10 Jahre** = **52/54/56/60/64 cm**, Größenangaben in der Anleitung beziehen sich auf diese Schritte
Material: 4/5/6/7/8 Knäuel Sigma von LANG Yarns (50% Baumwolle, 50% Viskose, Lauflänge 100 m / 50 g)
Nadelstärke: Häkelnadel 2,5 mm

Anleitung Fächermuster in Runden

Maschenzahl teilbar durch 16, das Muster besteht aus 4 Runden

Vorbereitungsreihe 1 Reihe feste Maschen.
Runde 1

1 Wendeluftmasche; 1 feste Masche, * 3 Luftmaschen, 2 Maschen überspringen, 1 feste Masche, 5 Luftmaschen, 2 Maschen überspringen, 1 feste Masche, 5 Luftmaschen, 3 Maschen überspringen, 1 feste Masche, 5 Luftmaschen, 2 Maschen überspringen, 1 feste Ma-

sche, 3 Luftmaschen, 2 Maschen überspringen, 1 feste Masche *.

Von * bis * laufend wiederholen.

Die Runde endet mit 1 Kettmasche in die erste feste Masche.

Runde 2

3 Wendeluftmaschen + 2 ganze Stäbchen in die gleiche Masche; 3 Luftmaschen; * 1 feste Masche in den übernächsten Bogen, 9 ganze Stäbchen in den nächsten Bogen, 1 feste Masche in den nächsten Bogen, 3 Luftmaschen, 3 ganze Stäbchen zwischen die nächsten 2 Bögen (in die feste Masche der vorigen Runde bzw. bei weiteren Runden in das Stäbchen der vorigen Runde), 3 Luftmaschen *.

Von * bis * laufend wiederholen.

Die Runde endet mit 1 Kettmasche in die oberste Wendeluftmasche vom Anfang.

Runde 3

1 Wendeluftmasche, 2 feste Maschen (auf die 2 Stäbchen der vorigen Runde); 1 Luftmasche, auf jedes Stäbchen des Fächers 1 Stäbchen + 1 Luftmasche; * 3 feste Maschen auf die 3 Stäbchen der vorigen Runde, 1 Luftmasche, auf jedes Stäbchen des Fächers 1 Stäbchen + 1 Luftmasche *.

Von * bis * laufend wiederholen.

Die Runde endet mit 1 Kettmasche in die Wendeluftmasche vom Anfang.

Runde 4

1 Wendeluftmasche, 1 feste Masche, 1 Luftmasche; auf jedes Stäbchen des Fächers der vorigen Runde 1 ganzes

Stäbchen + 1 Luftmasche; * 1 feste Masche in die mittlere der 3 festen Maschen der vorigen Runde, 1 Luftmasche, auf jedes Stäbchen des Fächers der vorigen Runde 1 ganzes Stäbchen + 1 Luftmasche *.
Von * bis * laufend wiederholen.
Die Runde endet mit 1 Kettmasche in die feste Masche vom Anfang.

Runde 5
3 Wendeluftmaschen; 3 Luftmaschen, 1 feste Masche in den Bogen zwischen zweite und dritte Stäbchen des Fächers, 3 x [1 feste Masche in den übernächsten Bogen], 3 Luftmaschen; * 1 ganzes Stäbchen auf die feste Masche der vorigen Runde, 3 Luftmaschen, 1 feste Masche in den Bogen zwischen zweite und dritte Stäbchen des Fächers, 3 x [1 feste Masche in den übernächsten Bogen], 3 Luftmaschen *.
Von * bis * laufend wiederholen.
Die Runde endet mit 1 Kettmasche in die dritte Wendeluftmasche vom Anfang.
Die Runden 2 bis 5 fortlaufend wiederholen.

Anleitung Oberteil

Luftmaschenkette in der Länge des Taillenumfangs anschlagen und mit 1 Kettmasche zur Runde schließen. Darauf 1 Runde fester Maschen.

Weiter mit Runden halber Stäbchen, jede Runde beginnt mit 2 Wendeluftmaschen und endet mit 1 Kettmasche in die oberste Wendeluftmasche vom Anfang.

In der entsprechenden Höhe (Höhe Vorderteil minus Höhe Armausschnitt) wird die Arbeit geteilt.

Vorderteil und Rückenteil werden nun separat weiter gearbeitet.

Für die **Armausschnitte** wie folgt abnehmen:

Am Ende von 2 aufeinanderfolgenden Reihen werden **2/3/4/5/5 cm** nicht mehr gehäkelt, d.h. es wird **2/3/4/5/5 cm** vor Reihenende gewendet.

Geradeaus hoch häkeln. Bei der halben Höhe der Armausschnitte für den vorderen Halsausschnitt die mittleren Maschen laut Halsausschnittbreite nicht mehr häkeln und die beiden Schulterteile separat fertigstellen. Dafür die entsprechende Höhe geradeaus hoch häkeln. Beim Rückenteil wird der Halsausschnitt 2–3 cm höher angesetzt.

Jeden Schulterteil mit einer zusätzlichen Luftmasche beenden, Faden mit ca. 30 cm Länge abschneiden und durch die Luftmasche ziehen. Mit diesen Fäden später die Schulternähte schließen.

Anleitung Rockteil

An der unteren Kante des Oberteils in jede Masche 1 feste Masche häkeln, Maschen zählen und notieren. Für das Fächermuster wird auch hier eine Maschenzahl teilbar durch 16 benötigt. Runde die notierte Zahl auf, so dass sie durch 16 teilbar ist. Die fehlenden Maschen werden in einer weiteren Runde fester Maschen gleichmäßig verteilt zugenommen.

Für die **zunehmende Rockweite** das Fächermuster wie folgt anpassen:

In **Runde 4** des Mustersatzes auf die festen Maschen der vorigen Runde (zwischen den Fächern) genauso viele feste Maschen (anstatt 1 feste Masche).

In jeder **Runde 5** des Mustersatzes auf diese festen Maschen der vorigen Runde Stäbchen häkeln, dabei die erste und letzte Masche verdoppeln.

Pro Musterrapport erweitert sich damit der Keil zwischen den Fächern um 2 ganze Stäbchen.

In der gewünschten Rockhöhe das Stück beenden und den Saum mit 1 Runde fester Maschen umhäkeln.

Ausarbeiten

Schulternähte mit kleinen Stichen schließen. Den Halsausschnitt mit festen Maschen umhäkeln, dabei am vorderen Halsausschnitt 3er-Picots mit je 2 festen Maschen dazwischen arbeiten.

Gemeinsam abgemaschte Stäbchen

Ein beliebtes Gestaltungselement bei Häkelmustern sind gemeinsam abgemaschte Stäbchen. Dabei werden mehrere Stäbchen gehäkelt (ganze, doppelte, dreifache etc., nicht jedoch halbe Stäbchen), aber jeweils die letzten beiden Schritte ausgelassen, erst zum Schluss werden alle verbleibenden Schlingen auf einmal abgemascht. Hier ein Beispiel im Detail:

So häkelst Du 3 gemeinsam abgemaschte ganze Stäbchen

a) 1 Umschlag.
b) In die nächste Masche einstechen,
c) Arbeitsfaden mit dem Haken der Nadel holen,
d) durch die Masche ziehen (3 Schlingen auf der Nadel).
e) Arbeitsfaden nochmals holen,
f) durch 2 Schlingen auf der Nadel ziehen = 2 Schlingen auf der Nadel (siehe Abb. 19).

Abb. 19

g) Die Schritte a) bis f) noch 2 x wiederholen = 4 Schlingen auf der Nadel (siehe Abb. 20 und Abb. 21).
h) Arbeitsfaden nochmals holen,
i) durch alle 4 Schlingen ziehen (siehe Abb. 22).

Abb. 20

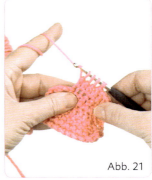

Abb. 21

Abb. 22

Häkelmodelle mit gemeinsam abgemaschten Stäbchen

Mädchentop oder -kleid

Ob Du ein Kleid oder ein Top daraus machen möchtest, entscheidest Du mit der Länge des Häkelstücks. So oder so wird es ein Lieblingsstück werden ...

Grössen: 1/3 Jahre
Material: 3/4 Knäuel SIGMA von LANG Yarns (50% Baumwolle, 50% Viskose, Lauflänge 100 m / 50 g)
Nadelstärke: 2,5 mm

Anleitung Luftiges Zickzack-Muster in Runden

Das Muster benötigt eine Maschenzahl teilbar durch 20.
    Vorbereitung 1 Reihe fester Maschen.
    Runde 1
3 Wendeluftmaschen, 2 gemeinsam abgemaschte ganze Stäbchen in die nächsten 2 Maschen; 1 Luftmasche, 3 x [1 Masche überspringen, 1 ganzes Stäbchen, 1 Luftmasche], 1 Masche überspringen, * in die nächste Masche 5 ganze Stäbchen, 1 Luftmasche, 3 x [1 Masche überspringen, 1 ganzes Stäbchen, 1 Luftmasche], 1 Masche überspringen, in die folgenden 5 Maschen 5 gemeinsam abgemaschte ganze Stäbchen, 1 Luftmasche, 3 x [1 Masche überspringen, 1 ganzes Stäbchen, 1 Luftmasche], 1 Masche überspringen *.
Von * bis * laufend wiederholen.

Die Runde endet mit 5 ganzen Stäbchen in die nächste Masche. 1 Luftmasche, 3 x [1 Masche überspringen, 1 ganzes Stäbchen, 1 Luftmasche], 1 Masche überspringen, 2 gemeinsam abgemaschte ganze Stäbchen in die letzten 2 Maschen, 1 Kettmasche in die zu Anfang gemeinsam abgemaschten Stäbchen.

Runde 2

3 Wendeluftmaschen, 2 gemeinsam abgemaschte ganze Stäbchen in die nächste Lücke und auf das nächste Stäbchen; 1 Luftmasche, 3 x [1 ganzes Stäbchen auf das nächste Stäbchen, 1 Luftmasche, wobei das letzte Stäbchen in das erste Stäbchen der 5er-Gruppe der vorigen Reihe eingestochen wird]; * 5 ganze Stäbchen in das mittlere Stäbchen der 5er-Gruppe der vorigen Reihe, 1 Luftmasche, 3 x [1 ganzes Stäbchen auf das nächste Stäbchen, 1 Luftmasche, wobei das erste Stäbchen in das fünfte der 5er-Gruppe der vorigen Reihe eingestochen wird], 5 gemeinsam abgemaschte Stäbchen (das erste auf das nächste Stäbchen, das zweite in die Lücke, das dritte auf das mittlere der 5er-Gruppe, das vierte in die Lücke, das fünfte in das nächste Stäbchen); 1 Luftmasche, 3 x [1 ganzes Stäbchen auf das nächste Stäbchen, 1 Luftmasche] *.

Von * bis * laufend wiederholen.

Die Runde endet entsprechend Runde 1.

Runde 2 fortlaufend wiederholen.

Anleitung Kleid oder Top

Luftmaschenkette mit **120/160 Maschen** anschlagen und beliebige Höhe in Natur arbeiten. Vor dem Armausschnitt 2 Runden in unterschiedlichen Farben häkeln.

Nun werden Vorderteil und Rückenteil separat weitergehäkelt (jede Reihe in unterschiedlichen Farben).

Reihe 3
3 feste Maschen, 1 Luftmasche, 2 x [1 halbes Stäbchen auf das Stäbchen der vorigen Reihe, 1 Luftmasche], weiter mit dem Musterrapport bei *.
Die andere Seite gegengleich arbeiten.

Reihe 4
4 Kettmaschen, weiter wie dritte Reihe.

Reihe 5
In das erste der 5 Stäbchen 4 Wendeluftmaschen, weiter mit Musterrapport ab *, am Ende der Reihe nach den 5 Stäbchen 1 Luftmasche und 1 Stäbchen in das letzte Stäbchen der 5er-Gruppe Stäbchen der vorigen Reihe.

Reihe 6
(zum Ausgleich der Zacken) 1 Wendeluftmasche; * 5 feste Maschen auf die Stäbchengruppe, 1 Luftmasche, auf das nächste Stäbchen 1 halbes Stäbchen, 1 Luftmasche, auf das nächste Stäbchen 1 ganzes Stäbchen, 1 Luftmasche, auf das nächste Stäbchen 1 doppeltes Stäbchen, 1 Luftmasche, auf die nächsten 5 Maschen 5 gemeinsam abgemaschte dreifache Stäbchen, 1 Luftmasche, auf das nächste Stäbchen 1 doppeltes Stäbchen, 1 Luftmasche, auf das nächste Stäbchen

1 ganzes Stäbchen, 1 Luftmasche, auf das nächste Stäbchen 1 halbes Stäbchen, 1 Luftmasche *.
Von * bis * laufend wiederholen.
Die Reihe endet mit 5 festen Maschen auf die Stäbchengruppe.
Darüber noch 1 Reihe fester Maschen.
Den Rückenteil genauso häkeln.
Mit der Grundfarbe die Träger weiterhäkeln, dafür 10 Maschen breit 1 Reihe fester Maschen und weiter mit halben Stäbchen arbeiten. Bei der gewünschten Höhe beenden. Du kannst entweder jeden Träger passgenau häkeln und an Vorderteil und Rückenteil festnähen oder 2 Trägerteile mit einem Zierknopf verbinden.

Ausarbeiten

Den Halsausschnitt und die Armausschnitte mit festen Maschen und 3er-Picots umhäkeln. Arbeite zwischen den Picots jeweils 2 feste Maschen.

Bolero

Größen: 1/3 Jahre
Material: 3/4 Knäuel SIGMA von LANG Yarns (50% Baumwolle, 50% Viskose, Lauflänge 100 m / 50 g)
Nadelstärke: Häkelnadel 2,5 mm

Anleitung Triangel-Lochmuster in Reihen

Das Muster benötigt eine Maschenzahl teilbar durch 4 Maschen.

Vorbereitung 1 Reihe fester Maschen.

Reihe 1

3 Wendeluftmaschen; 1 Masche überspringen; in die nächste Masche 1 ganzes Stäbchen + 1 Luftmasche + 1 ganzes Stäbchen; * 1 Luftmasche, 2 Maschen überspringen, in die nächste Masche 1 ganzes Stäbchen + 1 Luftmasche + 1 ganzes Stäbchen *.
Von * bis * laufend wiederholen.
Die Reihe endet mit 1 Luftmasche und 1 ganzen Stäbchen in die letzte Masche.

Reihe 2

3 Wendeluftmaschen; * 1 ganzes Stäbchen + 1 Luftmasche + 1 ganzes Stäbchen in die Luftmasche zwischen den beiden Stäbchen der vorigen Reihe, 1 Luftmasche *.
Von * bis * laufend wiederholen.
Die Reihe endet mit 1 ganzen Stäbchen in die oberste Wendeluftmasche der vorigen Reihe.
Reihe 2 fortlaufend wiederholen.

Anleitung

Das Jäckchen wird von unten mit dem Zickzackmuster (siehe S. 79) begonnen, dabei jede Reihe in einer anderen Farbe häkeln.

122/162 Luftmaschen anschlagen, 1 Vorbereitungsreihe fester Maschen.

5/7 Reihen im Zickzackmuster häkeln, danach 1 Reihe zum Begradigen der Zacken:
4 Wendeluftmaschen; 2 gemeinsam abgemaschte dreifache Stäbchen; 1 Luftmasche, * 1 doppeltes Stäbchen, 1 Luftmasche, 1 ganzes Stäbchen, 1 Luftmasche, 1 halbes Stäbchen, 1 Luftmasche, in die mittlere der 5 Stäbchen der vorigen Reihen 1 feste Masche + 1 Luftmasche + 1 feste Masche, 1 Luftmasche, 1 halbes Stäbchen, 1 Luftmasche, 1 ganzes Stäbchen, 1 Luftmasche, 1 doppeltes Stäbchen, 1 Luftmasche, 5 gemeinsam abgemaschte dreifache Stäbchen, 1 Luftmasche *.
Von * bis * laufend wiederholen.
Die Reihe endet dem Muster entsprechend.
Über die ganze Breite 1 Reihe fester Maschen in naturfarbenem Garn häkeln.

Nun Vorderteile und Rückenteil separat – ebenfalls in natur – und im Triangel-Lochmuster häkeln.

Rückenteil

Geradeaus hoch häkeln bis zu einer Höhe von insgesamt **22/24 cm**.

Vorderteile (2x)

Bis zu einer Gesamthöhe von insgesamt **16/17 cm** geradeaus hoch häkeln, dann für den Halsausschnitt wie folgt abnehmen:

Anfang der Reihe 3 Kettmaschen, 1 halbes Stäbchen und weiter im Musterrapport (ab * in Reihe 2).

Übernächste Reihe Anfang: 1 halbes Stäbchen 1 feste Masche, weiter im Musterrapport.

Übernächste Reihe Anfang: 1 Kettmasche, 1 feste Masche, weiter im Rapport.

Weiter geradeaus hoch häkeln bis ein Vorderteil gleich hoch ist wie ein Rückenteil. Zwei Vorderteile häkeln. Schulternähte schließen.

Ärmel (2x)

Um den Armausschnitt **40/44 feste Maschen** häkeln. Danach das Triangel-Lochmuster in Runden häkeln bis zu einer Höhe von insgesamt **17/19 cm**.

Ausarbeiten

Die vordere Blende und den Halsausschnitt mit 1 Reihe fester Maschen in Natur und 1 Reihe 3-er Picots mit je 2 festen Maschen dazwischen umhäkeln.

Reliefstäbchen

Eine spannende Variante von Stäbchen sind sogenannte Reliefstäbchen. Damit kann man sogar Zopfmuster häkeln, die gestrickten Zopfmustern ähnlich sehen.

So häkelst Du Reliefstäbchen von vorne

Reliefstäbchen werden üblicherweise auf Reihen von Stäbchen gehäkelt.

a) 1 Umschlag (für ganze Stäbchen oder 2 Umschläge für doppelte Stäbchen usw.).

b) Nun anstatt in die Masche wie üblich oben einzustechen mit der Nadel von vorne *vor* der Längsachse des Stäbchens der vorigen Reihe einstechen und *nach* der Längsachse des Stäbchens wieder nach vorne stechen (siehe Abb. 23).

Abb. 23

c) Arbeitsfaden holen und unter dem Stäbchen durchziehen (3 Schlingen auf der Nadel).

d) Danach den Arbeitsfaden nochmals holen und durch die ersten 2 Schlingen auf der Nadel ziehen (2 Schlingen auf der Nadel).

e) Arbeitsfaden nochmals holen und durch die restlichen 2 Schlingen auf der Nadel ziehen.

Das Reliefstäbchen wird also genauso gehäkelt wie ein gewöhnliches Stäbchen, es wird nur anders eingestochen, nämlich in der Reihe darunter um das Stäbchen der vorigen Reihe herum (siehe Abb. 24).

Abb. 24

So häkelst Du Reliefstäbchen von hinten

Reliefstäbchen von hinten zu häkeln erfordert ein wenig Übung für die geschickte Drehung des Hakens, so dass dieser beim Durchziehen des Arbeitsfadens nicht an den Schlingen hängen bleibt.

a) 1 Umschlag (für ganze Stäbchen oder 2 Umschläge für doppelte Stäbchen usw.).

b) Nun anstatt wie üblich in die Masche oben einzustechen mit der Nadel von hinten vor der Längsachse des Stäbchens der vorigen Reihe einstechen und nach der Längsachse des Stäbchens wieder hinten herausstechen.

c) Arbeitsfaden holen und auf der Rückseite der Arbeit unter dem Stäbchen durchziehen (3 Schlingen auf der Nadel).

d) Danach den Arbeitsfaden nochmals holen und durch die ersten 2 Schlingen auf der Nadel ziehen (2 Schlingen auf der Nadel).

e) Arbeitsfaden nochmals holen und durch die restlichen 2 Schlingen auf der Nadel ziehen.

Schirmmütze für Kinder

Durch den Wechsel von vorne und hinten gearbeiteten Reliefstäbchen entsteht ein reizvoller Effekt von Längsrippen auf Querrippen.

Material: 2 Knäuel Omega von LANG Yarns (Lauflänge 130 m / 50 g)
Nadelstärke: 3,5 mm
Größe: Kopfumfang 45 cm

Anleitung Kopfteil

Beginne mit einer Luftmaschenkette von **7 Maschen**, schließe diese mit 1 Kettmasche zum Ring und häkle in diesen Ring 1 Wendeluftmasche und 7 feste Maschen.

Die Runde endet mit 1 Kettmasche in die Wendeluftmasche vom Anfang.

Runde 1

3 Wendeluftmaschen; in jede Masche 2 ganze Stäbchen (15 Maschen).

Die Runde mit 1 Kettmasche in die oberste Wendeluftmasche schließen – alle folgende Runden werden ebenso geschlossen.

Runde 2

3 Wendeluftmaschen + 1 ganzes Stäbchen; in jede Masche 2 ganze Stäbchen (30 Maschen).

Runde 3

2 Wendeluftmaschen; * 2 Reliefstäbchen hinten einstechen, 1 Reliefstäbchen vorne einstechen *.
Von * bis * laufend wiederholen.

Runde 4
2 Wendeluftmaschen; * auf jedes hintere Reliefstäbchen 2 Reliefstäbchen, auf jedes vordere Reliefstäbchen 1 Reliefstäbchen *.
Von * bis * laufend wiederholen.

Runde 5
2 Wendeluftmaschen; die Maschen häkeln wie sie erscheinen (1 Reliefstäbchen auf jedes hintere Reliefstäbchen, 1 Reliefstäbchen auf jedes vordere Reliefstäbchen).

Runde 6
2 Wendeluftmaschen; * auf jedes erste und vierte hintere Reliefstäbchen 2 Reliefstäbchen, alle anderen Maschen häkeln wie sie erscheinen *.
Von * bis * laufend wiederholen.

Runden 7 + 8 + 9 + 10 Wie Runde 5.

Runde 11
2 Wendeluftmaschen; jeweils das erste und zweite hintere Reliefstäbchen gemeinsam abmaschen, ebenso jeweils das fünfte und sechste hintere Reliefstäbchen gemeinsam abmaschen; alle anderen Maschen häkeln wie sie erscheinen.

Runden 12 + 13 + 14 + 15 + 16 + 17 + 18 wie Runde 5

Runde 19
2 Wendeluftmaschen; jeweils das erste und zweite hintere Reliefstäbchen gemeinsam abmaschen; alle anderen Maschen häkeln wie sie erscheinen.

Runde 20
1 Wendeluftmasche; in jede Masche 1 feste Masche.

Anleitung Schirm

Weiterhäkeln:

Reihe 1
Über 30 Maschen jeweils feste Maschen häkeln, dabei jede dritte Masche verdoppeln (2 feste Maschen in eine Masche häkeln), ergibt 40 Maschen.

Reihe 2
Keine Wendeluftmasche; die erste Masche überspringen, danach in jede Masche 1 halbes Stäbchen.

Reihen 3 + 4 wie Reihe 2

Abschließend weiterhäkeln um die ganze Mütze und den Schirm herum 1 Runde in jede Masche 1 feste Masche.

Mit 1 Kettmasche schließen, Fäden sauber vernähen.

Büschelmaschen

Büschelmaschen wirken plastisch und können als 2er-, 3er-, 4er-Büschelmaschen und noch dicker gehäkelt werden. Büschelmaschen können zu reizvollen Mustern kombiniert werden.

So häkelst Du eine 3er-Büschelmasche

a) 1 Umschlag (siehe Abb. 25).
b) In eine Masche einstechen (siehe Abb. 26).
c) Arbeitsfaden durch- und so lang ziehen wie etwa ein Stäbchen hoch ist (siehe Abb. 27).
d) Noch ein Umschlag (siehe Abb. 28),
e) in die gleiche Masche einstechen.

Abb. 25

Abb. 26

Abb. 27

Abb. 28

f) Arbeitsfaden durch- und hoch ziehen (siehe Abb. 29).

g) Das Ganze nochmals: Umschlag, einstechen, Faden holen (siehe Abb. 30),

Abb. 29

Abb. 30

h) nun den Arbeitsfaden durch alle Schlingen ziehen (siehe Abb. 31).

Die Schritte a) bis h) laufend wiederholen.

Bei manchen Anleitungen ist zusätzlich eine Luftmasche angegeben, um eine Büschelmasche zu schließen.

Abb. 31

Kinderjacke mit Büschelmaschen

Bei dieser Jacke werden Büschelmaschen in Reihen und Spalten angeordnet, so dass sie ein wenig wie Ähren wirken.

Größen: 1/3/5 Jahre
Material: 3/4/5 Knäuel Omega von LANG Yarns (130 m / 50 g); 3 Druckknöpfe, 3 Zierknöpfe
Nadelstärke: 3 mm

Ährenmuster in Reihen

Du benötigst eine Maschenzahl teilbar durch 3 + 2.

Anschlag Luftmaschenkette, Maschenzahl laut Anleitung.

Reihe 1
In die zweite Masche von der Häkelnadel weg 1 feste Masche; danach in jede Luftmasche 1 feste Masche.

Reihe 2
2 Wendeluftmaschen; 1 Masche überspringen; in die nächste Masche eine 3er-Büschelmasche + 1 Luftmasche + eine 3er-Büschelmasche; * 2 Maschen überspringen, in die nächste Masche eine 3er-Büschelmasche + 1 Luftmasche + eine 3er-Büschelmasche *.
Von * bis * laufend wiederholen; die Reihe endet mit 1 Masche überspringen und 1 ganzes Stäbchen in die letzte Masche.

Reihe 3
2 Wendeluftmaschen; * in die Lücke zwischen den zwei nächsten Büschelmaschen der vorigen Reihe

eine 3er-Büschelmasche + 1 Luftmasche + eine 3er-Büschelmasche *.

Von * bis * laufend wiederholen; die Reihe endet mit einem ganzen Stäbchen auf die oberste Wendeluftmasche vom Anfang.

Reihe 3 fortlaufend wiederholen.

Anleitung Rückenteil

62/68/74 Luftmaschen anschlagen. **25/27/29 cm** im Ährenmuster häkeln.

Mit einer zusätzlichen Luftmasche beenden, Faden mit ca. 20 cm abschneiden und durch die Luftmasche ziehen.

Vorderteil (2x)

32/35/38 Luftmaschen anschlagen. **14/15/16 cm** im Ährenmuster häkeln, danach jeweils an einer Ausschnittseite in jeder zweiten Reihe am Ende der Reihe nur 1 Büschelmasche, 1 Luftmasche und 1 halbes Stäbchen häkeln.

Die jeweils nächsten Reihen beginnen mit 3 Wendeluftmaschen und 1 Büschelmasche an die gleiche Stelle, weiter im Muster.

Nach **25/27/29 cm** Gesamtlänge am Ende der Reihe 1 Luftmasche, Faden mit ca. 30 cm Länge abschneiden, durch die Luftmasche ziehen und diesen Faden dann gleich für das Zusammennähen der Schulternähte verwenden.

Den zweiten Vorderteil gegengleich arbeiten (Abnahmen an der gegenüberliegenden Ausschnittseite).

Schulternähte schließen.

Ärmel (2x)

52/58/64 Luftmaschen anschlagen, in die zweite Luftmasche von der Häkelnadel einstechen und in jede Luftmasche 1 feste Masche häkeln.

Weiter mit Reihen halber Stäbchen, jede Reihe beginnt mit 2 Wendeluftmaschen, dabei in jeder fünften und sechsten Reihe am Anfang nach der Wendeluftmasche 1 Masche überspringen.

Nach **17/18/19 cm** Gesamthöhe noch 4 Reihen Ährenmuster häkeln.

Am Ende noch eine Luftmasche zusätzlich, den Faden mit ca. 30 cm Länge abschneiden und durch die Luftmasche ziehen.

Ausarbeiten

Schulternähte schließen, Ärmel seitlich annähen, sodass die Schulternähte mittig mit der oberen Ärmelkante übereinstimmen.

Die Seitennähte und die unteren Ärmelnähte zusammennähen.

Alle Kanten (Jacke unten, Kanten vorne und Halsausschnitt) mit 1 Runde fester Maschen und 1 Runde Krebsmaschen umhäkeln.

An der Verschlusskante 3 Druckknöpfe innen und 3 Zierknöpfe außen annähen.

Anschlag mit Fadenring / Magic Ring

Bei der Schirmmütze hast Du ja bereits herausgefunden, wie Du einen kleinen Ring mit Hilfe einer Luftmaschenkette häkelst. Viele Häkelfans bevorzugen aber den sogenannten Fadenring, der auch als Magic Ring bekannt ist. „Magic" deshalb, weil er nach der ersten Runde beliebig fest zusammengezogen werden kann.

Auch ich bevorzuge für Häkelblüten, Granny Squares und Amigurumis (was es mit letzteren auf sich hat, erkläre ich in den folgenden Kapiteln) den Fadenring, der für meinen Geschmack den schönsten Anfang für runde Elemente formt.

So häkelst Du einen Fadenring

a) Lege den Arbeitsfaden von vorne nach hinten zwischen kleinem Finger und Ringfinger der linken Hand, wickle ihn zweimal von hinten nach vorne um den Zeigefinger und danach von oben nach unten zweimal um den Daumen (siehe Abb. 32).

b) Nun stichst Du mit der Häkelnadel unter den Faden an der Innenseite des Daumens und holst den Arbeitsfaden vom Zeigefinger durch = 1 Schlinge auf der Nadel (siehe Abb. 33 und Abb. 34).

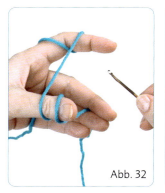

Abb. 32

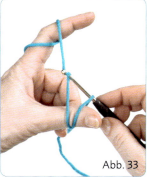

Abb. 33

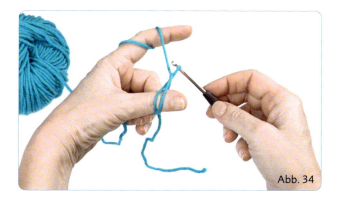

Abb. 34

c) Nun holst Du den Arbeitsfaden nochmals durch diese Schlinge (siehe Abb. 35).

d) Lass die Schlinge vorsichtig vom Daumen gleiten und halte sie mit Daumen, Mittelfinger und Ringfinger der linken Hand flach fest.

e) An der Oberseite dieser Schlinge solltest Du nun 2 Fäden sehen: den Ring selbst und das kurze Anfangsstück des Garns (siehe Abb. 36).

f) Um diese 2 Fäden herum häkelst Du nun laut Anleitung die Maschen des Fadenrings, üblicherweise einige feste Maschen (siehe Abb. 37 und Abb. 38).

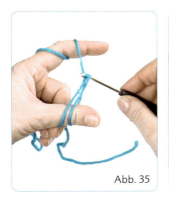

Abb. 35

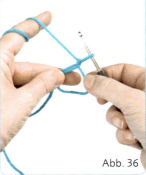

Abb. 36

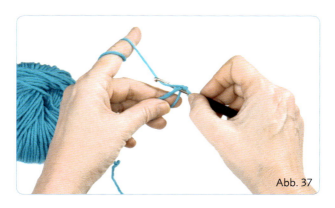

Abb. 37

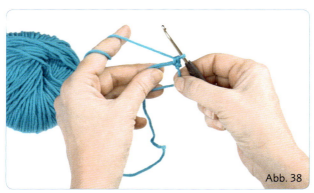

Abb. 38

g) Hast Du die angegebenen Maschen gehäkelt, ziehst Du am kurzen Fadenende den Ring etwas zusammen, aber noch nicht ganz fest (siehe Abb. 39).

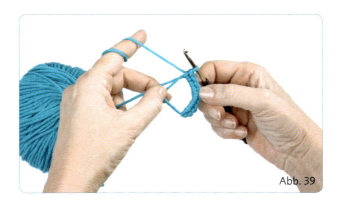

Abb. 39

Abb. 40

h) Nun kannst Du den Ring mit 1 Kettmasche in die erste feste Masche schließen und den Ring nun mit dem kurzen Anfangsfaden ganz fest zusammenziehen (siehe Abb. 40).

Der Fadenring braucht zugegebenermaßen ein bisschen Übung. Wenn Du ihn aber bezwungen hast, wird sich dir eine ganz neue Welt an Gestaltungsmöglichkeiten auftun – wie ich Dir gleich zeigen werde ...

Blumen und Applikationen häkeln

Die beste und ergiebigste Übung für den Fadenring sind Blüten, Herzen und Applikationen. Hier ein paar Beispiele, die Du gleich als kleine Geschenke oder als Dekoelemente für verschiedene Handarbeiten verwenden kannst.

Einfache Häkelblüten

Experimentiere mit verschiedensten Materialien – und Kombinationen daraus. Häkelblüten sind die perfekte Resteverwertung!

Anleitung

Die Anzahl der festen Maschen im Fadenring richtet sich nach der gewünschten Anzahl der Blütenblätter, Du häkelst immer 1 feste Masche weniger, da die Kettmasche zum Schließen des Fadenrings ebenfalls eine Masche erzeugt. Die Anleitung beschreibt eine Häkelblüte mit **5/6/8 Blättern**.

Runde 1 (Garnrest in Grün)

Fadenring mit **4/5/7 festen Maschen**; mit 1 Kettmasche zur Runde schließen, Anfangsfaden fest anziehen.

Runde 2 (Garnrest in Blütenfarbe)

1 Wendeluftmasche + 1 feste Masche; in jede Masche 2 feste Maschen (ergibt **10/12/16 Maschen**), die Runde mit 1 Kettmasche in die Wendeluftmasche vom Anfang schließen.

Runde 3
1 Wendeluftmasche; * in die nächste feste Masche 1 halbes Stäbchen + 1 ganzes Stäbchen + 1 doppeltes Stäbchen + 1 ganzes Stäbchen + 1 halbes Stäbchen; in die nächste Masche 1 Kettmasche *.
Von * bis * wiederholen.
Die Runde endet mit 1 Kettmasche in die Wendeluftmasche vom Anfang.
Variante 1: Du kannst die Maschen von Runde 3 aber auch direkt in den Fadenring häkeln oder Runde 2 weglassen und die Blütenblätter direkt nach Runde 1 häkeln. Dabei arbeitest Du die Kettmasche zwischen den Blütenblättern auch noch in die gleiche feste Masche.
Variante 2: Häkle in den Fadenring **9/11/15 Maschen** und überspringe Runde 2.

Einfaches Häkelröschen

Auch hier sind viele Varianten möglich – nicht nur in Bezug auf das Material. So kannst Du z. B. Reihe 1 und 2 in unterschiedlichen Farbtönen häkeln.

Anleitung

Du benötigst eine Luftmaschenkette mit einer Maschenzahl teilbar durch 3 + 4 Maschen.
Schlage für eine voll erblühte Rose **43 Luftmaschen** an, für eine kleine Knospe **19 Luftmaschen**, für eine mittlere Knospe **28 Luftmaschen**.
Lass einen Faden von ca. 30 cm bevor Du die erste Schlinge häkelst.

Reihe 1
1 ganzes Stäbchen + 2 Luftmaschen + 2 ganze Stäbchen in die vierte Luftmasche von der Häkelnadel; * 1 Luftmasche, 2 Luftmaschen überspringen, in die nächste Masche 2 ganze Stäbchen + 2 Luftmaschen + 2 ganze Stäbchen *.
Von * bis * laufend wiederholen.
Reihe 2
1 Kettmasche in den Luftmaschenbogen zwischen den 2 Stäbchenpaaren, 3 Wendeluftmaschen + 6 ganze Stäbchen in den Luftmaschenbogen;
* 1 Kettmasche zwischen die 2 nächsten Stäbchenpaare, 7 ganze Stäbchen in den nächsten Luftmaschenbogen zwischen den 2 Stäbchenpaaren *.
Von * bis * laufend wiederholen.

Ausarbeiten

Fädle den Anfangsfaden in eine Nadel und nähe damit die untere Kante der Blüte fest, während Du sie in Form drehst. Sauber vernähen.

Einfaches Blatt

Mit den Häkelmaschen, die Du nun schon gelernt hast, kannst Du auch zu diesem einfachen Blatt verschiedene Varianten häkeln. Hier ein Beispiel:

Anleitung

Luftmaschenkette beliebiger Länge, zum Beispiel 16 Luftmaschen.

Reihe 1
In die zweite Luftmasche von der Nadel 1 feste Masche, in jede Masche 1 feste Masche.
Reihe 2
Gehäkelt wird 1 Masche in jede feste Masche, dabei wird nur in den vorderen Maschenfaden eingestochen: 4 Kettmaschen, 2 ganze Stäbchen, 2 doppelte Stäbchen, 2 dreifache Stäbchen, 1 doppeltes Stäbchen, 1 ganzes Stäbchen, 1 halbes Stäbchen, 1 feste Masche.
Nun häkelst Du einfach auf der anderen Kante weiter. Die Spitze formst Du, indem Du 1 Luftmasche + 1 feste Masche in die gleiche Stelle häkelst, dann wieder weiter an der Kante, dabei nun in den hinteren Faden der Maschen einstechen: 1 halbes Stäbchen, 1 ganzes Stäbchen, 1 doppeltes Stächen, 2 dreifache Stäbchen, 2 doppelte Stäbchen, 2 ganze Stäbchen, 2 halbe Stäbchen, 1 Kettmasche.
Faden abschneiden, durch die Kettmasche ziehen, vernähen.

Eule zum Aufnähen

Material: Du kannst beliebiges Garn verwenden, am besten für Nadelstärke ca. 3 mm, ich habe auch hier wieder zu SIGMA von LANG Yarns gegriffen, weil mir hier die Farben ganz besonders gut gefallen. Die Farben kannst Du natürlich ganz nach Lust und Laune wählen.

Anleitung

Alle Runden werden mit 1 Kettmasche in die erste Masche geschlossen, auch die Kettmasche wird gezählt

Jede Runde beginnt mit 1 Wendeluftmasche.

Runde 1

Fadenring mit 5 festen Maschen anschlagen (= 6 Maschen).

Runde 2 + 3

Jede Masche verdoppeln (= 24 Maschen).

Runde 4 (Farbe wechseln)

Jede dritte Masche verdoppeln (= 32 Maschen).

Runde 5

Jede vierte Masche verdoppeln (= 40 Maschen).

Runde 6

In die nächste Masche 1 halbes Stäbchen + 1 ganzes Stäbchen + 1 doppeltes Stäbchen, 2 Luftmaschen; in die nächste Masche 1 doppeltes Stäbchen + 1 ganzes Stäbchen + 1 halbes Stäbchen; 1 Masche überspringen; in die nächsten 4 Maschen je 1 feste Masche; 1 Masche überspringen; in die nächste Masche wieder 1 halbes

Stäbchen + 1 ganzes Stäbchen + 1 doppeltes Stäbchen, 2 Luftmaschen; in die nächste Masche 1 doppeltes Stäbchen + 1 ganzes Stäbchen + 1 halbes Stäbchen; 1 Masche überspringen; 1 Kettmasche.

Faden mit ca. 20 cm abschneiden, sauber vernähen.

Ausarbeiten

Für die Augen 2 x 1 Fadenring mit 3 festen Maschen häkeln, in der nächsten Runde jede Masche verdoppeln. Faden mit ca. 30 cm abschneiden und damit mit kleinen Stichen festnähen. Mit einer anderen Farbe Pupillen nähen.

Den Schnabel mit wenigen Stichen aufnähen.

In die Spitze der Ohren jeweils mit einer Häkelnadel einen Faden vierfach genommen durchziehen.

Teddykopf zum Aufnähen

Anleitung

Alle Runden werden mit 1 Kettmasche in die erste Masche geschlossen, auch die Kettmasche wird gezählt.

Jede Runde beginnt mit 1 Wendeluftmasche, außer es ist anders angegeben.

Runde 1
Fadenring mit 5 festen Maschen (= 6 Maschen).
Runde 2 + 3
Jede Masche verdoppeln (= 24 Maschen).
Runde 4 (Farbe wechseln)
In die nächsten 8 Maschen je 1 feste Masche; in die nächsten 4 Maschen je 1 halbes Stäbchen; in die nächs-

ten 8 Maschen je 1 ganzes Stäbchen; in die nächsten 4 Maschen je 1 halbes Stäbchen.
Runde 5
Jede zweite Masche verdoppeln (= 36 Maschen).
Runde 6 (andere Farbe)
7 Maschen von der höchsten Stelle des Ovals nach rechts zählen und dort die neue Farbe mit 1 Kettmasche festmachen; 1 Masche überspringen, in die nächste Masche 9 ganze Stäbchen; 1 Masche überspringen; in die nächsten 6 Maschen je 1 Kettmasche; 1 Masche überspringen; in die nächste Masche 9 ganze Stäbchen; 1 Masche überspringen; 1 Kettmasche.
Faden mit ca. 20 cm abschneiden, sauber vernähen.
Runde 7 (Kontrastfarbe)
Den ganzen Kopf mit festen Maschen umhäkeln, dabei an der Spitze der Ohren 3 Maschen verdoppeln.

Ausarbeiten
Augen und Schnauze mit wenigen Stichen aufnähen.

Amigurumi häkeln

Amigummi-was? Nun, Amigurumi ist die japanische Bezeichnung für kleine ausgestopfte, gehäkelte (mitunter auch gestrickte) Spielfiguren, die seit einiger Zeit rund um den Globus Kultstatus haben. Der Phantasie sind auch hier keine Grenzen gesetzt, erlaubt ist was Spaß macht – meine Eingangstür ziert beispielsweise ein massakrierter Amigurumi-Bär.

Amigurumi-Technik

Amigurumi-Teile beginnen oft mit einem Magic Ring. Beim Häkeln von Runden arbeitest Du normalerweise so, dass jede Runde in gleicher Höhe mit einer Kettmasche geschlossen und die neue Runde in der Höhe der dafür vorgesehenen Maschen deutlich abgesetzt begonnen wird. Dies erreichen wir mit Wendeluftmaschen.

Anders beim Häkeln von Amigurumis, hier werden die Runden in fortlaufenden Spiralen gehäkelt, das heißt einzelne Runden werden nicht abgesetzt. Daher müssen wir beim Amigurumi-Häkeln auch den Anfang jeder Runde mit einem kleinen Fadenstück markieren. Dieses wird einfach vor der erste Masche quer zur Reihe aufgelegt, die erste Masche wird darüber gehäkelt. Damit hält der Markierungsfaden, der in jeder neuen Runde wieder vor die erste Masche versetzt wird.

Eine weitere Besonderheit ist die Wahl der Nadelstärke, die immer 1 mm kleiner (oder noch kleiner) gewählt wird, als für das Garn empfohlen. Amigurumis sollen nämlich standfest und robust sein. Zudem verhindert die dichte Häkelstruktur, dass die Füllung durchscheint. Gefüllt wird hier übrigens auch am besten mit dem Innenleben eines billigen Zierkissens.

Als Material werden oft Baumwollgarne verwendet, ich häkle Amigurumis auch gerne mit Mikrofaser oder Filzwolle. Auch Acryl ist gut geeignet – die Materialauswahl richtet sich nach dem Verwendungszweck.

Amigurumi Eule

Die Welt der Amigurumis ist unerschöpflich, viele haben wir auf nadelspiel.com schon zum Leben erweckt und damit – buchstäblich – die halbe Welt bevölkert. Meine Schäfchen wünschen sich schon so lange eine Eule – voilà: das perfekte Amigurumi für Anfänger!

Anleitung

Gehäkelt wird in Spiralrunden, ohne Kettmasche am Ende einer Runde und ohne Wendeluftmaschen am Anfang.

Körper

Runde 1
Fadenring mit **6 festen Maschen**.
Runde 2 + 3
Jede Masche verdoppeln (= 24 Maschen).
Runde 4 + 5 + 6 + 7 + 8 + 9
In jede Masche 1 feste Masche.
Runde 10
Jede vierte Masche verdoppeln (= 30 Maschen).
Runde 11
Jede sechste Masche verdoppeln (= 35 Maschen).
Runde 12
Jede siebte Masche verdoppeln (= 40 Maschen).
Nun Augen und Schnabel aufnähen (siehe Anleitung Eule zum Aufnähen S. 113).
Runde 13 + 14 + 15 + 16 + 17 + 19
In jede Masche 1 feste Masche.

Runde 20
Jede siebte und achte Masche zusammenhäkeln (= 35 Maschen).
Runde 21
Jede sechste und siebte Masche zusammenhäkeln (= 30 Maschen).
Mit 1 Kettmasche beenden, 1 Luftmasche. Faden mit ca. 30 cm abschneiden und durch die Luftmasche ziehen.

Flügel (2x)

7 Luftmaschen anschlagen; 5 ganze Stäbchen in die dritte Luftmasche von der Häkelnadel; in die nächsten 2 Luftmaschen je 1 halbes Stäbchen; in die nächsten 2 Luftmaschen je 1 feste Masche; 1 Luftmasche; nun auf der anderen Seite der Luftmaschenkette weiterhäkeln: In die nächsten 2 Maschen je 1 feste Masche; in die nächsten 2 Maschen je 1 halbes Stäbchen; in die nächste Masche 5 ganze Stäbchen.

Mit 1 Kettmasche oben in das nächste Stäbchen beenden.

1 Luftmasche, Faden mit ca. 20 cm abschneiden, sauber vernähen.

Jeden Flügel mit 1 Runde fester Maschen in Kontrastfarbe umhäkeln, Faden mit ca. 30 cm abschneiden und gleich zum Annähen des Flügels verwenden.

Boden

Runde 1
Fadenring mit 6 festen Maschen.
Runde 2
Jede Masche verdoppeln.
Runde 3
Jede zweite Masche verdoppeln.
Runde 4
Jede dritte Masche verdoppeln.
Runde 5
Jede vierte Masche verdoppeln.

Nun die Eule füllen und den Boden mit 1 Runde fester Maschen in Kontrastfarbe an den Körper häkeln.

Kappe

12 Luftmaschen anschlagen; in die zweite Luftmasche von der Häkelnadel 1 feste Masche; in jede weitere Luftmasche 1 feste Masche (= 10 Maschen). Nun weiter in Reihen fester Maschen, jede Reihe beginnt mit 1 Wendeluftmasche; so lange bis ein Quadrat entstanden ist. Mit 1 Luftmasche beenden, Faden mit ca. 30 cm abschneiden und gleich zum Festnähen der Kappe am Kopf verwenden. Für die Ohrbüschel an zwei gegenüberliegenden Ecken jeweils einen Faden vierfach genommen mit der Häkelnadel einziehen.

Granny Squares – Ein Trend geht um die Welt

Als ich 2008 zum ersten Mal nach Granny Squares gefragt wurde und ein wenig im Internet recherchierte, war die Ausbeute dürftig: Die Patchwork-Ecken der 60er-Jahre und der Hippie-Bewegung waren nicht gerade angesagt. Weil ich sie aber so reizvoll und herrlich retro fand, häkelte ich 2009 zum ersten Mal einen Adventskalender aus lauter verschiedenen Granny Squares. Danach gab es kein Halten mehr: Die zauberhaften „Großmutter-Ecken" erfuhren eine Beliebtheit, die viele überraschte und die bis heute anhält.

Warum sind Granny Squares so beliebt?

Zuerst einmal sind sie quadratisch, praktisch und schön! Eine Häkelnadel kann man immer mal in die Handtasche stecken, ein Knäuel Garn auch, und so ein Quadrat ist in einer halben Stunde Wartezeit schnell fertig. Aus einem Knäuel häkelt man im Schnitt drei Granny Squares, an einem Fernsehabend schafft man bis zu zehn Stück. Im Verlauf eines trüben Herbsts hat man auf diese Weise schon eine kuschelige Decke zusammengesammelt. Ich glaube, es gibt so viele Varianten wie Sterne am Himmel ...

Ich habe hier für Dich zwei Beispiele für die vielfältigen Anwendungsmöglichkeiten dieser Häkelquadrate aufgeschrieben – lass Dich einfach anstecken!

Häkelmodelle mit Granny Squares

Kinderkleid mit Passe

Dass Granny Squares an Kindersachen ganz zauberhaft aussehen, beweist dieses Kleidchen mit einer Passe aus kleinen Granny Squares. Und Mamis können aus einer Reihe dieser bunten Granny Squares ganz einfach einen modischen Gürtel gestalten.

Größen: 2/4/6 Jahre
Material: Garnreste für Grannys, **3/4/5 Knäuel** Grundfarbe Sigma von LANG Yarns (Lauflänge 100 m / 50 g)
Nadelstärke: 3 mm

Anleitung Granny Square

5 Luftmaschen anschlagen, mit einer Kettmasche in die erste Luftmasche zum Ring schließen, in abgesetzten Runden weiterhäkeln.

Runde 1

Bei der ersten Runde werden alle Maschen in den Ring gearbeitet, das heißt, Du stichst jeweils in den Ring ein (anstatt wie üblich in eine Masche der vorigen Reihe bzw. Runde).

3 Wendeluftmaschen und 2 ganze Stäbchen, 2 Luftmaschen; * 3 ganze Stäbchen, 2 Luftmaschen *.

Von * bis * noch 2 x wiederholen; die Runde endet mit 1 Kettmasche in die oberste Wendeluftmasche vom Anfang.

Runde 2
Jeweils 1 Kettmasche in die 2 Stäbchen der vorigen Runde, dabei nur in den hinteren Faden der Masche einstechen; 1 Kettmasche in die Lücke, 3 Wendeluftmaschen + 2 ganze Stäbchen + 3 Luftmaschen + 3 ganze Stäbchen in die Lücke, 1 Luftmasche; * 3 ganze Stäbchen + 3 Luftmaschen + 3 ganze Stäbchen in die nächste Lücke, 1 Luftmasche *.
Von * bis * noch 2 x wiederholen; Runde endet wie Runde 1.
1 Luftmasche, den Faden mit ca. 20 cm Länge abschneiden und durch die Luftmasche ziehen, vernähen.

Anleitung Kleid
Für das Oberteil des Kleides benötigst Du **28/32/36 Granny Squares**.

Je **10/12/14 Grannies** zu jeweils einer Reihe zusammennähen. Beide Reihen untereinander auflegen und entlang der Längsseite zusammennähen. Diesen Teil dann seitlich zu einem Schlauch zusammennähen.

Für die Träger jeweils 4 Granny Squares zu einer Reihe zusammennähen und an Vorderseite und Rückseite des Oberteils nähen.

Nun den Rock an das Oberteil häkeln:
Runde 1
An der unteren Kante des Oberteils weiterhäkeln und für den Rock in jede Kante eines Granny Squares 10 feste Maschen häkeln (ergibt **100/120/140 Maschen**).

Runde 2 + 3
3 Wendeluftmaschen + 1 ganzes Stäbchen; * 2 ganze Stäbchen in die übernächste Masche *.
Von * bis * laufend wiederholen.
Die Runde endet mit 1 Kettmasche in die oberste Wendeluftmasche.
Runden 2 + 3 laufend wiederholen, alle 2 Runden oder nach Belieben die Farbe wechseln.
Gleichzeitig für die zunehmende Weite des Rockes in jeder vierten Runde seitlich an beiden Seiten 2 ganze Stäbchen zunehmen, indem Du einmal keine Masche überspringst, sondern gleich in die nächste Masche 2 ganze Stäbchen häkelst.
Wenn Du die gewünschte Rocklänge erreicht hast, nach der Kettmasche am Reihenende noch eine Luftmasche häkeln, Faden mit ca. 20 cm Länge abschneiden, durch die Luftmasche ziehen und sauber vernähen.

Ausarbeiten
Den Ausschnitt mit 1 Runde fester Maschen in der Hauptfarbe umhäkeln.

Umhängetasche aus Granny Squares

Material: nach Lust und Laune. Häkle zur Probe 1 Blütengranny und ein Granny „Cross", um die Garnmengen abzuschätzen.
Farbvorschlag: Hintergrund für Blüten in zartem Grün, Blüten in bunten Farben, Rahmen in naturweiß; die Grannies ohne Blüten werden einfarbig in den Blütenfarben gehäkelt, natürlich kannst Du sie auch in Weiß arbeiten.
Nadelstärke: dem Material entsprechend, wegen der gewünschten Festigkeit 1 mm kleiner als für das Garn empfohlen.

Wickelstäbchen

Wickelstäbchen sind plastisch dekorative Maschen, die entweder nebeneinander oder mit ganzen Stäbchen dazwischen gehäkelt werden. Wir werden sie später für den Trageriemen unserer Granny Square Tasche verwenden.

So häkelst Du Wickelstäbchen

Du benötigst eine Maschenzahl teilbar durch 2 und solltest eine Reihe mit 3 Wendeluftmaschen anstelle eines ganzen Stäbchens beginnen.

a) 1 ganzes Stäbchen häkeln.
b) Nun wird gewickelt: 1 Umschlag und rechts vom Stäbchen von vorne nach hinten stechen, Faden holen.
c) Punkt b) noch 2 x wiederholen.
d) Nun nochmals von vorne den Arbeitsfaden holen und durch alle Schlingen auf der Nadel ziehen.

Die Schritte a) bis d) laufend wiederholen.

Für den Trägeriemen häkeln wir immer abwechselnd ein normales ganzes Stäbchen und ein Wickelstäbchen.

Anleitung Blütengranny

Runde 1 (Grün)

Fadenring mit 4 festen Maschen.

Den Ring schließen mit 1 Kettmasche in die erste feste Masche (= 5 Maschen).

Runde 2 (Grün)

2 Wendeluftmaschen + 2 Luftmaschen; * 1 halbes Stäbchen, 2 Luftmaschen *.

Von * bis * wiederholen; die Runde endet mit 1 Kettmasche in die oberste Wendeluftmasche vom Anfang (= 6 Bögen). Faden nicht abschneiden, damit wird in Runde 4 weitergehäkelt.

Runde 3 (Blütenfarbe)

Mit 1 Luftmasche den Faden festmachen; nun häkelst Du in jeden Bogen 1 Kettmasche, 1 halbes Stäbchen, 1 ganzes Stäbchen, 1 doppeltes Stäbchen, 1 ganzes Stäbchen, 1 halbes Stäbchen, 1 Kettmasche. Die Runde endet mit 1 Luftmasche. Faden mit ca. 20 cm Länge abschneiden und durch die Luftmasche ziehen.

Runde 4 (Grün)

* Von hinten um ein halbes Stäbchen von Runde 2 herumstechen und auf der Rückseite 1 feste Masche häkeln, 3 Luftmaschen *.

Von * bis * laufend wiederholen; die Runde endet mit 1 Kettmasche in die erste feste Masche (= 6 Bögen).

Runde 5 (Grün)
2 Wendeluftmaschen + 3 halbe Stäbchen in den ersten Bogen, in alle weiteren Bögen je 4 halbe Stäbchen (= 24 Maschen).
Die Runde endet mit 1 Kettmasche in die oberste Wendeluftmasche vom Anfang.
Runde 6 (Grün)
3 Wendeluftmaschen + 2 ganze Stäbchen + 3 Luftmaschen + 3 Stäbchen in die gleiche Masche; 1 Luftmasche; 2 Maschen überspringen; 1 ganzes Stäbchen, 1 Luftmasche; 2 Maschen überspringen; * 3 ganze Stäbchen + 3 Luftmaschen + 3 ganze Stäbchen in die nächste Masche häkeln, 1 Luftmasche, 2 Maschen überspringen; 1 ganzes Stäbchen, 1 Luftmasche, 2 Maschen überspringen *.
Von * bis * noch 2 x wiederholen; die Runde endet mit 1 Kettmasche in die oberste Wendeluftmasche vom Anfang.
Runde 7 (Weiß)
2 Wendeluftmaschen; auf jede Stäbchengruppe 2 halbe Stäbchen; in jede Lücke 2 halbe Stäbchen; in jede Ecke 2 halbe Stäbchen + 2 Luftmaschen + 2 halbe Stäbchen.
Die Runde endet wie Runde 6.
Runde 8 + 9 (Weiß)
3 Wendeluftmaschen; in jede Masche 1 ganzes Stäbchen, dabei jeweils die letzte Masche vor jeder Ecke und die erste Masche nach jeder Ecke überspringen; in jede Ecke: 3 ganze Stäbchen + 3 Luftmaschen + 3 ganze Stäbchen.

Die Runde endet wie Runde 6.

Nach der letzten Masche noch eine Luftmasche, Faden nach ca. 20 cm Länge abschneiden und durch die Luftmasche ziehen. Faden sauber vernähen.

Anleitung Granny Square „Cross"

Runde 1

Fadenring mit 11 festen Maschen.

Den Ring schließen mit 1 Kettmasche in die erste feste Masche (= 12 Maschen).

Runde 2

3 Wendeluftmaschen; in die nächsten 2 Maschen je 1 ganzes Stäbchen, 3 Luftmaschen, * in die nächsten 3 Maschen je 2 ganzes Stäbchen, 3 Luftmaschen *.

Von * bis * noch 2 x wiederholen; die Runde endet mit 1 Kettmasche in die oberste Wendeluftmasche vom Anfang

Runde 3 + 4 + 5 + 6

3 Wendeluftmaschen; in jede Masche 1 ganzes Stäbchen, dabei jeweils die letzte Masche vor jeder Ecke und die erste Masche nach jeder Ecke überspringen; in jede Ecke 3 ganze Stäbchen + 3 Luftmaschen + 3 ganze Stäbchen.

Die Runde endet wie Runde 2.

Nach der letzten Masche noch eine Luftmasche, Faden nach ca. 20 cm Länge abschneiden und durch die Luftmasche ziehen. Faden sauber vernähen.

Anleitung Trageriemen (2 x)

Mit einer Luftmaschenkette beginnen, die Maschenzahl richtet sich nach der gewünschten Länge des Trageriemens.

Reihe 1

In die zweite Masche von der Häkelnadel weg 1 feste Masche häkeln; in jede weitere Luftmasche 1 feste Masche.

Reihe 2

3 Wendeluftmaschen; danach immer abwechselnd 1 Wickelstäbchen und 1 ganzes Stäbchen.

Reihe 3

1 Wendeluftmasche; in jede Masche 1 feste Masche.

Eventuell musst Du in Reihe 3 die Maschenzahl reduzieren, z.B. jede vierte und fünfte Masche zusammenstricken. Die Reihe 2 wird an der Oberkante durch die Wickelmaschen ein wenig mehr gedehnt als die erste Reihe. Wenn Du nun in Reihe 3 in jede Masche eine feste Masche häkelst, dann kann der Riemen einen Drall zeigen. Das richtet sich danach wie fest Du häkelst. Probiere es einfach aus und wenn Du siehst, dass Reihe 3 breiter wird als Reihe 1, dann häkle jede vierte und fünfte Masche zusammen.

Ausarbeiten

Die Granny Squares nach dem abgebildeten Schema zusammennähen, Trageriemen festnähen und Fäden sauber vernähen.

Register

Ährenmuster in Reihen	99
Alpakawolle	16
Amigurumi	117
Amigurumi-Technik	117
Anschlag in Runden	56
Bambusgarne	15
Baumwolle	14
Blütengranny	130
Büschelmasche	94
Entspannungsübungen	26
Faden vernähen	41
Fadenring	102
Fächermuster in Runden	71
Farbcharge	21
Farbnummer	21
Farbwechsel	40
Garn abwickeln	21
Garnstärke	18
Gemeinsam abgemaschte Stäbchen, siehe Stäbchen, gemeinsam abgemascht	76
Granny Squares	123
Granny Square „Cross"	132
Häkelteile ausarbeiten	42
Häkelteile formen	51
Häkelteile zusammen nähen	43
Halbdichtes Filetmuster	67
Holznadeln	25
Kamelhaar	16
Kartonknäuel	20
Kettmaschen	39
Knäuel	20
Knäuel, oval	20
Kone	20
Krebsmaschen	37
Kunststoffnadeln	25
Lauflänge	22
Leinen	15
Luftmasche	28
Luftmaschenkette	28
Magic Ring, siehe Fadenring	102
Maschen, fest	32
Machen, fest auf andere Maschen	34
Machen, fest in Luftmaschenkette	32
Maschen, fest mit Rippen	36
Maschenprobe	46
Maschenzahl teilbar durch	45
Merino	16
Metallnadeln	24
Mikrofasergarne	15
Milchgarne	15
Musterrapport	45
Nadelstärke	25
Picots	39
Reliefstäbchen	87
Reliefstäbchen von vorne	87
Reliefstäbchen von hinten	89
Rundknäuel	20
Schulgarn	15
Schurwolle	16
Stäbchen	61
Stäbchen, halb	61

Stäbchen, ganz 62	Triangel-Lochmuster in Reihen..............................83
Stäbchen, doppelt 62	Verbrauch 23
Stäbchen, dreifach 63	Viskose 15
Stäbchen, gemeinsam abgemascht 76	Wellenmuster in Runden........65
Steigeluftmaschen, siehe Wendeluftmaschen 31	Wendeluftmaschen...............31
	Wickelstäbchen 129
Strang 20	Zickzack-Muster in Runden ... 79

niato, das Wiener Wollcafé – ein Zuhause
alle, die Wolle lieben. Cashmere, Mohair &
. in allen Farben – das Aussuchen genießen,
i einem Kaffee das neueste Strickheft
rchblättern oder auch einfach nur tratschen.
dem großen Holztisch sind alle willkommen,
m Anfänger bis zum Strickprofi. Regelmä-
e Strickkurse und unsere „Ready to knit"-
xen bieten Inspiration und kreative Stunden
gemütlicher Atmosphäre!

www.laniato.com
Beatrixgasse 4, 1030 Wien